いのち愛しむ、人生キッチン

92歳の現役料理家・タミ先生のみつけた幸福術

桧山タミ

文藝春秋

人生のまんなかにキッチンを

竈《かまど》で煮炊きした大正の生家でも、子育てと仕事に奮闘した昭和の町屋でも、ひとり暮らしの平成のこのマンションでも、台所がいつも生活の中心にあります。

いま、数えで92歳のわたしは、九州・博多で暮らし、料理を教えて60年近くになります。料理家という肩書きをいただいていますが、自分では「台所好きの食いしんぼう」くらいに思っています。教えた料理を、おいしいおいしいと喜んでもらって、「これなら自分でもつくれそう」と言ってもらえたらなおうれしくって、またみんなに教えてあげたくなるんです。そんなふうに料理を教える機会を通じて「ほんとう」の家庭料理をつくる心がけについて、ご縁があった方々にお話をしてきました。

良く生きるためには、良く食べることです。食は「生活の一部」ではけっしてなく、毎日の家のごはん一食一食が、家族と自分の「命をつなげる営み」であること。あなたの命は自然に生かされていることも忘れないでと——。この本では、長い人生の中で得たわたしの経験や知恵を含めて、わが家のキッチンでおしゃべりしたことをご紹介しています。少しでもあなたの一助になれば、うれしいことです。

わたしの来た道、行く道

生い立ち――幼い頃から台所好き

大正15年、大正時代が終わり
昭和の時代がはじまる年に
11人兄弟の10番目として誕生。
父は医者で、自宅敷地内で病院を営み、
毎日の食卓には家族にお手伝いさんや
働き手など、20〜30人がともに
ごはんを食べる大所帯で育ちました。

おちびの頃から生粋の食いしんぼう。
絵を描いたり、植物を育てたり、
手を動かすことが大好きで、
台所のすみっこがお気に入り。
はじめてつくったお料理は、
コップにバターをひとかけと、
砂糖をひと匙入れて熱湯を注いだ
「ホットバターティー」なるもの。

料理の道――
師・江上トミ先生との出会い

博多の女学校を卒業後、17歳のとき、
母の導きで江上トミ先生*を知り、門下生となる。
当時、江上先生は本場ヨーロッパで西洋料理を
修得した料理研究家の草分けとして注目の存在。
東京からご家族の都合で九州へ移り
福岡で教室を開いたが、そこは九州中から
習いたい人が殺到する人気ぶり。
その先生に「鰹節を削っていいですよ」と
言われたときはうれしかったものです。

戦前・戦後を通じて38年間、先生が東京へ
行かれてからも博多から通い師事しました。
礼儀作法には実に厳しかったけれど
だからこそ身についたことがたくさん。
江上先生は一流のものを妥協なく究められた。
その時代の「ほんもの」を教えてくださり、
知恵を惜しみなく授けてくださいました。

*江上トミ…1899年生まれ。熊本県出身。パリの料理学校ル・コルドン・ブルーで学ぶなど西洋料理にも精通。日本の「料理研究家」の草分け的存在でテレビ料理番組の草創期から活躍。「江上料理学院」を開設し、家庭料理の普及に尽くす。

探究――
世界の食を見に行く

1964年（昭和39年）38歳のとき
江上先生について世界各地へ
食の視察旅行へ出かけました。
当時の海外渡航は留学か仕事のみで、
女性が半年近くも旅をするなんて
夢物語のような話でした。4〜5ヶ月かけて
フランス、ベルギー、ドイツ、オーストリア、
フィンランド、デンマーク、スウェーデン、
オランダ、モロッコ、エジプト、ケニア、
ナイジェリア、エチオピア、南アフリカ共和国、
レバノンも行ったと思います。
その後も80代後半まで
食の冒険へ出かけていました。

転機――
西欧料理から日本の家庭料理へ

もともと江上先生のもとで和洋中の料理を学んだ後、
講師に就いたのは、当時人気のあった西欧料理です。
最初、洋菓子を教えたけれど、これは2年でやめました。
「1日1フィンガーしか食べたらいけんよ」と
生徒さんたちに注意しても、おいしいからって
お菓子をつくってどんどん太るものだからやめることに。
人のからだを悪くすることは教えられませんから。

その頃、バターの水分量がぐんと増えたことが
気になりました。大阪万博のあった1970年頃は
戦後の高度経済成長の時代で、食にも大量生産が広がり
日本の食材から「ほんもの」が激減したと感じたんです。
同じ頃、まわりの料理関係者が相次いで病に倒れられた。
「命を支えるための食」に関わる人たちがなぜ？
という疑問がわいて、料理を生業《なりわい》にするものは、
病気になってはいけないと深く考えたんです。
なにより世界各地へ食の旅に出かけて実感したのは、
「自分の生きる土地に合ったものを食べる」大切さでした。

食器棚や書斎棚に並ぶのは、
世界のあちこちを訪ねて
手に入れた器や調味料など。

31歳で夫を亡くし、その後、
自宅などで料理教室をはじめました。
46歳のとき、それまでのフランス料理などの
高級西洋料理をやめて、からだと心を育てる
伝統的な「日本の家庭料理」へ指導を転換。
生徒さんは激減したけれど、母として女性として、
健やかなからだをつくるための家庭料理こそ
自分が心から伝えたい料理の道という信念を得ました。

［好きなもの］

朝のお日さま。季節の食べもの。
宝石より古い梅干し、
ブランドのバッグより
おいしいものがつくれるお鍋。
草花と本。片づけも大好きで、
料理以外にも毎日の生活をムダなく
過ごしたいから。

［嫌いなもの］

愚痴とウソ。人をけなす言葉。
ものを粗雑に扱う人。
暗闇が苦手だから夜は早寝。
晩は誘われても外出したくない。

［人生で一番の驚き］

主人が早くに亡くなったこと。
25歳で結婚して6年、わたしが31歳のとき、
2人の子どもが小学校入学前のことでした。
料理で身を立てるよう夢中で働きました。
人生の道ゆきは予測不能。だからこそ
今を一生懸命に、前を向いて歩く！

［信念］

くよくよせず、大らかに生きる。
鳥や草花のように自分も
自然の一部と思って暮らすこと。
料理をつくる手に祈りを込めること。
「神さまの心に添う一日を過ごす」
子どもの頃から毎日そう思って生きています。

恩送り

――次の世代へ

日本には「恩送り」という言葉があります。
人から受けた恩を、子どもなど次の世代に渡すことです。
人の命は、恩送りが脈々とつながって
知恵や教訓をつなげて生かし合い、支え合ってきたもの。
わたしの世代が子に言い忘れていたことを、
次の世代へ正しく伝えなくてはいけないと思っています。
でもヨボヨボでは、人は耳を傾けてくれません。
年をとっていても日々の家事でからだを動かして健康に。
とにかく元気じゃないと!

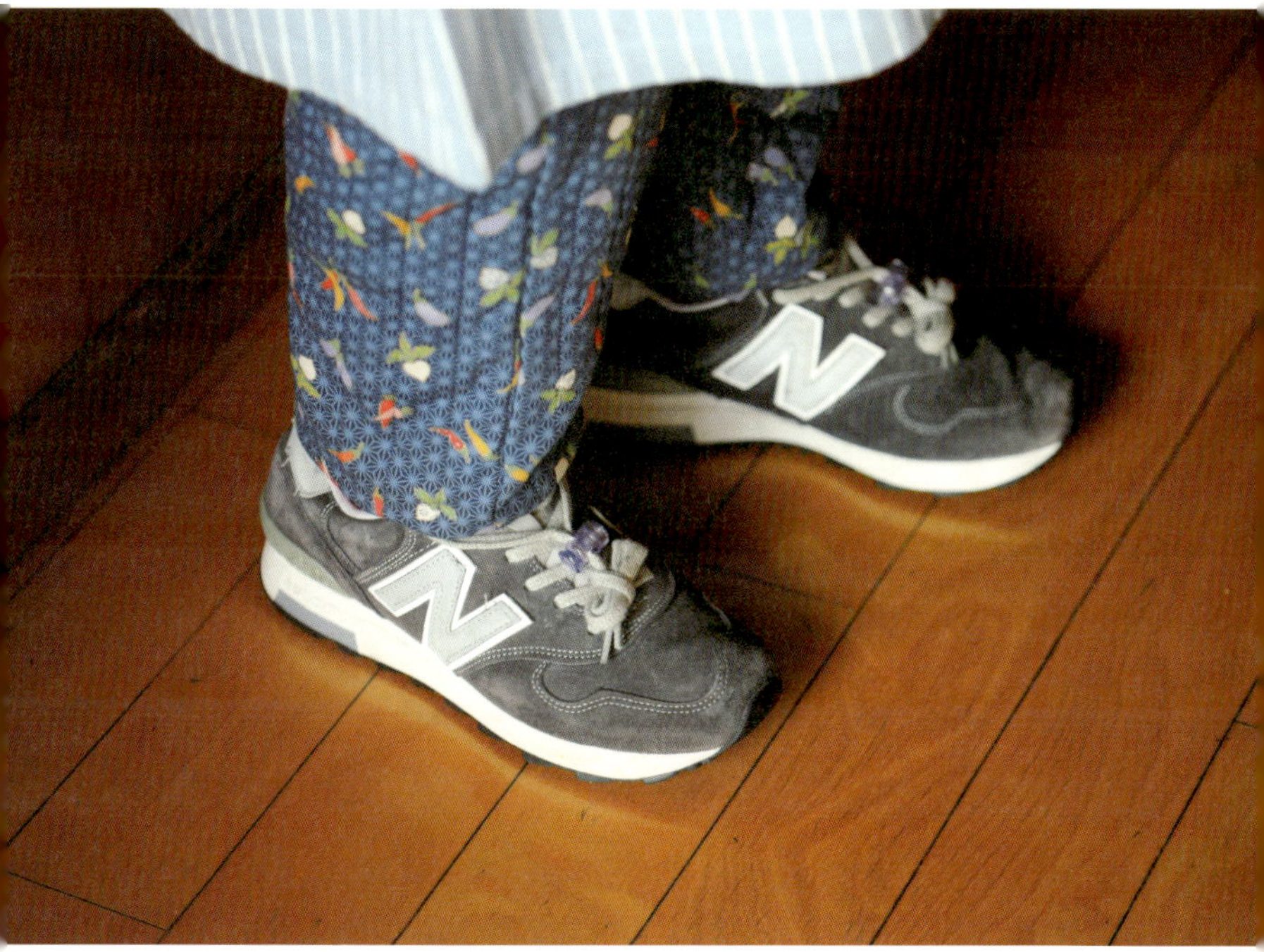

塾生から伝えたいこと

――人生のお守りを、キッチンに

タミ先生の料理教室を、わたしたち生徒はひそかに「人生塾」と名づけています。生徒は20代から70代まで。なかには40年50年と教室に通い続け、3世代で習っている人もいます。さまざまな世代が魅せられる理由、それはタミ先生の「生き方を身近に感じていたい」ということ。

食を大事にする心、ものの選び方、子育てや人づきあい、年を重ねてからの暮らし方……。料理の豊かな見識に学ぶことはもちろん、タミ先生の日常のいたるところに生活者としての知恵や心がけがちりばめられています。その感性に触れることで「こうありたい」と学び、充電して、心を調えに通っているのかもしれません。

料理を習いながら、自分の頭やからだを使い、五感を使うことを思い返します。

教室ではレシピの紙など配られませんから、先生の味つけの手早さに驚き慌てながらメモを走り書きして、教えに集中します。ときどき、背を向けているタミ先生

から「あら、まな板の音がヘン。切り方が違うよ」と声が飛んできます（笑）。手順通りにしていても、心ここにあらずで包丁を握っていると、「あなた、今日は料理をしていない」とぴしゃりと正され、背筋がしゃんとします。叱られたのにどこかうれしいのは、タミ先生の言葉に温かな「ほんとう」があるから。

その「ほんとう」とは、時代がどうあろうと生きる上で変わらない「道理」とも言えます。たくさんのものや情報があふれるいま、その「道理」を心の拠りどころに持つこと。生きる上で、これほど心強いことはないと思います。

キッチンが心の拠りどころになると、食が変わり、生き方が変わり、人生がおいしく豊かに開けていく——塾生の多くが身をもって、そう実感しています。

わたしたち、そして次の世代の子どもや孫たちのために、タミ先生の生き方術を残しておきたいという思いが、この一冊に叶いました。何げない言葉が、ふとしたときに深く心に根づき、わたしたちをしっかり支えてくれる。そんなお話がたっぷりと詰まっています。わたしたち塾生と読者の方々が、幸せなキッチンを育み、自分らしい人生を歩むための、お守りのような存在の本になるに違いありません。

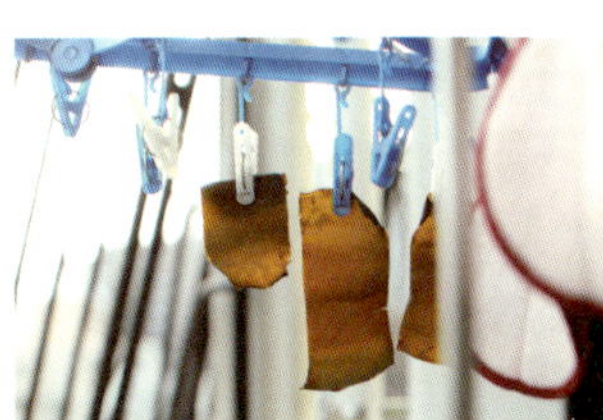

目次

2章 ［賢くあれ］ 自然とからだを結ぶ旬材、学び方と選び方

3章 ［健やかなれ］五感に心地良い、基本の道具と調味料 85

1章　［大らかなれ］

わたしの生活習慣、心とからだの養生

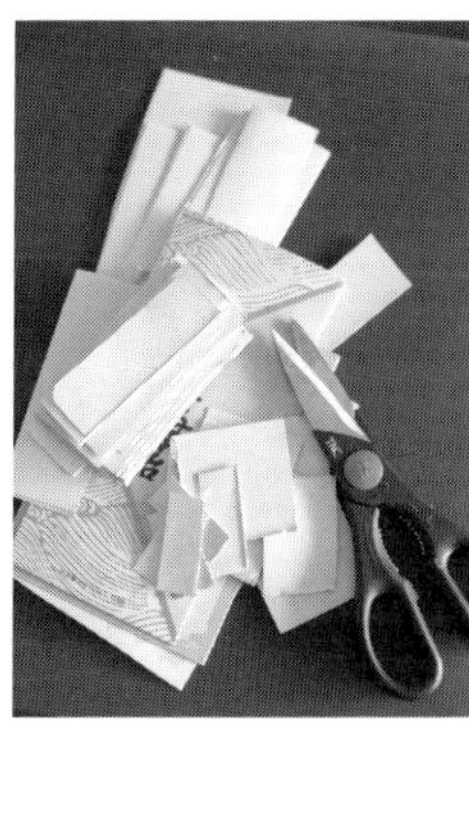

早寝早起き、お日さまと一緒に

わたしは朝陽が大好き。一日は、お日さまへのご挨拶からはじまるんです。起床はたいてい4時くらい、朝が待ち遠しくて早く目が覚めます。リビングの窓を開けて風を通したら、ゆっくり深呼吸します。

夜明けを待つ間は、名残りのお月さまや星を眺め、「さて、今日のお天気はどうかしら？」と予想します。昔の漁師さんたちは「あの松に雲がかかっとるから今日は海が荒れるぞ」とか、天気を察知する力を持っていたでしょう。わたしも新聞なんかの予報で知る前に、自分のアンテナを使っておきたいんです。

わが家は街中にあるマンションです。選んだ決め手は、日当たりの良さと、遠くの山々まで見渡せる「空の眺め」でした。ここでのひとり暮らしも40年余りになって、まわりに高いビルが建ち、「うちの空」も目減りしたものですよ。

それでも、いよいよ日が昇るその瞬間は、毎回胸が躍ります。東の空から少しずつ白み、太陽の光がサーッと世の中を照らしていく、その美しい情景のありがたいこと！　自然と両の掌を合わせて拝んでしまいます。「お日さまー、おはようございます。今日も一日よろしくお願いします」と太陽の光を浴びて活力をいただく。これが長年変わらない朝の大切な日課です。

朝の光ってほんとにすごいんです。野菜や草花も、朝陽で植物ホルモンを活性させて、昼の間にその栄養を巡らせるそう。だから朝採れ野菜はみずみずしいのね。きっと人間も同じようにお日さまの栄養をもらっているのでは？　朝陽を浴びると、明るい気がからだに入り、元気が満ちてくる気がします。同じ太陽でも夕方の光は黄昏《たそが》れて、枯れた気の感じ。そういえば「夕陽があたるところに花が咲く植物を植えたら、その年はよくても翌年は咲かんよ」と母が言ってましたけど、これも太陽の光の性質によるものでしょうね。

朝陽に力をもらって活動して、日が落ち暗くなったら眠りにつく。わたしが健康を保っているのは、都会に住んでいても自然の流れにそって、お日さまとともにある生活をしていることが大きいかもしれません。

新しい一日のために、朝の光を大切にしてみてください。

いつもの一日

週の大半は自宅のキッチンで料理教室をやっていますが、教室がなくても、ほぼ毎日、人が訪ねてきます。おしゃべりしたり、お茶を飲んだり、ごはんを一緒につくって食べて、うちに来た人たちと楽しく過ごしています。

予定がない日は、片づけや植木の手入れ、手紙を書いたり、ときどき生徒さんと博多の柳橋連合市場へお買いものに出かけることも。ぼーっとテレビを見ているなんてツマラナイ。なにかしら動いているほうが性に合ってるのね。

毎日寝る前にやるのは、お出汁用のいりこと昆布を水につけておくことと、冷蔵庫の食材の確認。これは明日を生きるための備えで、絶対に欠かせません。

［一日の過ごし方］

朝4時過ぎ　起床、お日さまにご挨拶
ラジオを聞きながら乾布摩擦　身支度をする
掃除、洗濯、片づけなど家事にかかる

7時頃　朝食をこしらえ、ごはん　新聞を読む

10時〜20時　週3〜4日は料理教室
教室の準備、片づけや植木の手入れなど
昼夜の食事は生徒さんと、教室のない日は
来客の誰かと食べる

夜22時頃　就寝
寝る前に明日の料理の下準備

からだを冷やさない習慣

健康のための習慣については、よく質問されます。でも高価な健康食品も長生きの秘術も持ってないんですよ。早寝早起き、からだが喜ぶ季節のものをいただきます。のんき者はストレスも溜まらない。ごくあたり前の日常生活に、1つ加えるなら、若い頃からからだを冷やすことは避けてきました。

目覚めにお水をコップに半分ほど飲みますが、これは常温。ふだんのお茶は温かいもの。真夏も氷の入った飲みものは飲みません。食材は温冷の性質を考えて取り入れ、からだを冷やす果物は、夕方以降は食べないようにしています。

冷えているかどうかは、体温を測ると簡単にわかります。ご自分の平熱を知っていますか？　健康な人の体温は、36度5分くらいよ。体温が36度以下の人は低体温です。料理を教えていて手が触れると、「わぁ、先生の手は温かいですね」という若い人たちの指先が、氷のように冷たくてこちらがビックリ。「冷えは万病のもと」*。調子が悪いと情緒も安定せず、うつ病など心の冷えにもつながりますから、用心しなくちゃいけませんよ。

タワシでの乾布摩擦で血流良く

人工の冷たい風が嫌いなので夏でも冷房は入れないし、冬晴れの気持ちがいい日なら、窓を開けっぱなしにしてもへっちゃら。暑さ寒さに強くなれたのは、シュロのタワシを使った乾布摩擦のおかげです。医者だった兄が「血の巡りがよくなって病気予防の効果がある」と患者さんに勧めていたのを耳にして、これは良さそうと、40歳くらいからはじめたことで、まだ50年ね。

手先足先から心臓に向かって一方向に、ゴボウを洗う感じでザッザッと素早く。タワシは手より少し大きめの紐つき。痛くなんてありませんよ、気持ちがいいの。全身を20分ほど摩擦するとからだの芯から温かに。お金もかからず運動ほどきつくない、自分にちょうどいい健康法と思ってます。

* 肌荒れ、肩こりや頭痛、生理不順など現代人が抱える不調の原因の多くが「冷え」と言われている。胃腸が冷えると免疫力が低下するとも。

難逃れの梅干し

毎朝の番茶に、梅干しを一粒入れていただきます。90歳を超えて、血圧のお薬も飲んでないし、胃腸もすこぶる丈夫。朝の梅干しがわたしの健康のお守り薬です。博多では昔から「朝の梅は難逃れ」と言われてるんですよ。

梅は血液をサラサラにし、殺菌や解毒作用といろんな効能があって、体調を整えてくれるものです。とくに風邪気味には、古い梅干し！ 年数をかけて熟成した梅干しこそ効果が高いとされてエライんです。古くなって実がカラカラになってるからって、けっして捨ててはいけません。

風邪のひきかけには、古い梅干しを火でよーく焼いて、熱い番茶に入れて飲むんです。からだの芯からぬくもって大汗が出て、治りが早い。これは頓服（熱冷まし）ね。この焼き梅干しは、せき、喉の痛みにも効くらしいです。*

* 梅干しは加熱すると血行を良くして代謝を高める成分（ムメフラール）が生まれ、からだを温めてくれるそう。

乾布摩擦も
朝の梅干しも
「難逃れ」。
毎日続けられるのは
からだが「いい」と感じるから

命を養う食べ方

わたしは生まれつき病弱で、肝臓やリウマチを患っていた子でしたから、こんなに長生きしているのを両親が知ったら、きっと驚きます。丈夫になれたのは「自分はからだが弱い」と自覚して、養生してきたことが大きいと思います。

小学生のときに学校を休んで療養しなくちゃいけなくなったとき、「大好きな本がたくさん読めるわ」と楽観していたのに、「本なんてダメっ。なんもせんで寝とかないかん」と寝たきり生活を1年近く過ごしました。とても辛かった……。あんな経験は絶対にしたくなかったから、調子が悪くなれば早めに手当てして、からだの声をちゃんと聞いて食べて——とにかく一日一日の滋養を大事にしてきました。

そのかいあって、女学校を卒業してからは病は遠くに、からだはどんどん強く。50代後半から、もうほとんどお医者さんのお世話にはなってませんよ。

お米と野菜たっぷり「一穀多菜」食

では、ふだんわたしがどんな食事をとっているか、最近の献立を書き出してみました。主食の穀物に、汁もの、おかずには野菜をどっさりの「一穀多菜」が基本です。

［冬のある日の三食］

朝食―ごはん、味噌汁、根菜の煮もの、ちりめんじゃこ、納豆、海苔、ミカンなど季節の果物

昼食―ごはん、味噌汁、山芋のすりおろし焼き、大根とニンジンのヴィネグレットソースサラダ

夕食―ごはん、豆腐鍋、小魚と昆布の佃煮

夏の朝は、薬味たっぷりの素麺や冷や汁（P148）。秋冬の朝は、ダッチオーブンで焼いたホカホカのお芋。お気に入りのピーナツパンがあれば、自家製ジャムに紅茶という日もありますよ。お肉よりもお魚、牛肉と乳製品はいっさい食べません。

麺もパンも好き。でも毎日食べて飽きないのは、やっぱりごはん。穀物は人の食事の基本となるもので、わたしたち農耕民族の日本人にはお米が合います。土鍋でふっくら炊いたごはんにお味噌汁、海苔と梅干しがあれば申し分なし。わたしは七分づきのお米が好きで、よく噛んで食べます。それにたっぷりの旬野菜でからだを整えます。

そう、90歳になってわかったのは、「おいしいものは少しでいい」ということ。日常のごはんは普通がいいんです。

弱かったからだを、
食べもので丈夫に。
歯医者と整体以外、
50代後半から30年以上
医者いらずです

大人は腹六分目に

年齢を重ねて気をつけないといけないのは、食事の量。栄養バランスも大事だけど、からだにとっては食べ過ぎるのが一番良くないの。消化が追いつかずに、腸に老廃物が溜まっていくと、余病を引きおこすんですから、コワイでしょう。

50歳を過ぎたら、腹六分目でいい。肉体労働やスポーツをしている人でなければ、腹八分目より、さらにもう一歩手前で止めてみて。頭では少しもの足りなく感じるでしょうが、胃袋というのは減らされた量にすぐに慣れるもの。食間にお腹が減ったら、わたしはナッツや小魚を食べておきます。これだと我慢しなくていい。「もうちょっと」で止めておくと、次の食事が楽しみになりますよ。

80歳から自分で足を治す

あるテレビ番組で、若いレポーターの女性に、すり鉢でごまのすり方を教えたことがありましたが、彼女のすりこぎを持つ手がぐらぐら。「あら、か弱いねえ」とやってみせてあげると、彼女のほうは「タミ先生って、力強い！」と目をまん丸にして、わたしの腕っぷしに感嘆してくださった（笑）。だって、お料理は腕力が要るの。土鍋や中華鍋も、わたしが使っている道具はどれも重いのばっかりですから、腕は鍛えられてます。

それから足もと。何歳になっても土鍋を持ってしっかり立てるように、からだを支える足もとを鍛えておこうと、70代から階段を昇り降りしていました。うちは高層階ですから、いい運動と4〜5年ほど続けてましたよ。

ですが、階段ってコンクリートでしょう。足への衝撃が強過ぎたようで、80歳になったばかりの頃、足を痛めてしまったんです。歩く場所が悪かった。土や砂浜の上を歩くか、木昇りにすれば良かったのよねえ（笑）。

それで、足の筋を痛めて杖生活になったんです。年齢からしてまわりは最悪動けなくなる心配もしたそう。でもね、わたしは「絶対自分で治そう！」と決めていましたよ。自分の不始末でこうなってしまったことだから、自分で治さないと、神さまに申しわけが立たないでしょう。

そこでわたしが考えたのがお手当て食。質の良い筋肉をつくる重要な栄養素をたっぷり含んだ、豚足のゼラチン*をとるために豚足煮をつくったんです。大鍋で豚足をぐつぐつ長時間煮込んでつくった豚足のゼラチンゼリーを、毎食のおかずに混ぜて摂取するんです。ゼラチンゼリーなら味噌汁や鍋、煮もの、どんなメニューでも加えやすいの。栄養があるだけでなく、とてもおいしいんです。これを2~3年食べ続けて、とうとう日常生活では杖いらずに！　人の筋肉は80歳からでも強くなる。食べることで、からだは再生できるんですよ。

* 豚足のゼラチンには良質の筋肉をつくるのに重要なアミノ酸であるロイシンとアルギニンが豊富に含まれている。

自分のからだは、
自分で治そうと
する人しか治せません。
食べものより
良いお薬はないでしょう

感謝を持って過ごす

新しい生徒さんが、うちのキッチンで一番驚くのは、生ゴミの少なさのよう。「だって捨てるところがないやろう。野菜は皮もおいしく食べられるし、卵の殻は細かく砕いて、鍋や水垢の掃除に使ったり、植木の肥やしにもなるよ」と、戦中派の「もったいない」生活術を若い人たちにお話ししています。

「次に使えるものは、ゴミにならない」を信念に、もう1回の使いみちに知恵を絞るのが、わたしの日々の楽しみでもあります。

捨てない幸せ

料理も、冷蔵庫の余りものを工夫して、おいしいおかずが出来たりすると、とってもうれしい。出汁をとった後の昆布なんかも梅干しと煮て佃煮にしたり、野菜の皮は干して調理。干すとお日さま力で、さらに旨味が増すんです。

それから空きビンは常に熱湯食毒して保存瓶に。いらない布きれも小さく切って、キッチンペーパーがわりに使います。豆腐ケースは重ねて取っておいて調理のゴミ入れに、プラスチック容器はきれいに洗っておけば、持ち帰りのおかず入れに便利。紙も、チラシは油掃除ができるし、箱はちいちゃく切ってメモや保存品の名札なんかにしています。きれいな包装紙やリボンは、絶対に捨てられないでしょう？　全部とって置いて、おすそわけやプレゼントのときに使います。

手があいてる時間には、紙や空き箱、布を小さく切っておきます。使うときまでの置き場所も決めて、整理しておけば散らかりません。

最近は断捨離《だんしやり》流行《ばや》りですか？　捨ててしまっても新しいものがあるからいいと言う人もいますね。でも何でも捨てて、また新しいものを手に入れているって、そんなこと繰り返していたら日本人はいずれ困りますよ。先の世はわからないでしょう。

水の大切さを頭に入れて

うちのキッチンの流し場には、洗い桶を2つ置いてます。汚れた食器は、洗う前にチラシの紙で、油や汚れを拭いてから、次に水を溜めた桶で洗い、最後にお湯を溜めた桶ですすぎ洗い。洗い終わった桶の湯はまだ捨てずに、お掃除に使います。

それからベランダには水瓶を1つ置いています。雨水が溜まったらプランターの植木に使えば、水を節約できるでしょう。

蛇口をひねったら水が出るのがあたり前と思っていませんか？

戦時中、食糧がなくって苦労しましたけれど、水不足はそれ以上に大変なことでした。ひとたび戦争や災害が起こってしまうと、一番困るのは「生きるための水」の確保です。わたしは戦前の井戸からつるべを使って汲んでいた時代を知ってますから、水を得る大変さにも覚えがあります。うちの父は用心をする人で、実家の敷地内に井戸を11個もつくっていて、ご近所の人がうちに水を借りに来ることもありました。父は水場の大事さを知っていたのでしょう。

水は生きものの生命線です。水道の水がなくなったときの備えを考えてみて。まず自分の家の水はどこからきているものか知りましょう。わたしの住んでいる福岡は低い山しかないから、岩盤を通った水が少ないけれど、できるだけ高い山から流れてくるミネラル豊富な水がいい。水を汲みに行くならこっちの山と、水源地を調べておいて。ただし汲み水は、そう長くは持ちません。なにごとも日頃から、家庭内で水を大事に使うクセをつけておきましょう。自然の恵みに感謝を持てない人は、いざというときの覚悟ができませんよ。

都会でも土を身近に

うちの生家があったのは博多の西中洲というところ。現在は九州一の繁華街ですが、あの頃は街にも土があって、家の裏には母が丹精していた畑がありました。いまのようにお店に行けば何でも揃う時代じゃないから、昔は街の人たちも家の庭先になにかしら植えて、食材の足しにしていたんです。

家庭は「家の庭」と書くでしょう。だから、植木鉢にでも、ちょこっと緑のものを植えておくといいんですよ。ネギの根っこを土に挿しておけば育ってくれるし、味噌汁に青い菜が欲しいとき、ぱっと摘んで刻んで入れて。彩りも家計も助かるでしょう。それに口に入れる命の大切さや、生産者さんの大変さも少しわかるようになる。だから台所を預かる人は、土と結びついてほしいの。

わたしも小さなベランダにプランターを並べて、草花を植えています。ガーデニングというより、飛んできた種で生えた草もそのままの、気ままな庭よ。

土から芽が出て、葉が伸びていく成長を眺めていると、植物や虫、鳥たちの力強さ、あるべき姿であることの素敵さに学ぶところが多いのです。土と緑を身近に、自分もその自然の巡りの中で気持ちよく生きていきたい！　わたしは街のビルの中に住んでいても、気分は「自然とつながる村人」として暮らしているんです。

子育ての中でもそんな考えを伝えてきました。食卓では、ごはんを食べさせながら「あなたたちのからだは、口から食べているもので動いているのよ」「食べものがおいしくできるためにはその野菜を育てる土が大事」と、いつも言い聞かせていました。子どもたちいわく「洗脳」だったそうよ（笑）。

実際、その息子2人ともが農業大学へ進み、会社を退職後のいまは田舎で畑を耕しています。そしていま、わたしは彼らが育てた野菜を食べて生きている。こんな成り行きも、食卓で「土が大事」と言い続けていた種が芽吹いたからなのかなと思ったりしています。

捨てる前にもう1回、何かに使えないか考えて、手を動かす。
そういうことをやっておかないと
とっさの
機転が
利かない人に
なります

わたしたちが
口に入れる
食べものは
土から
できてるの。
土が良ければ、植物の育ちもいい。
人間は土から離れたらいけませんね

老いる暇をつくらない

朝食の後は、新聞を広げます。読んでいるのは、日経新聞と地元の西日本新聞の2紙。主婦だって、経済のこと社会のことを知って、これから起こりうることを想像するのは大事です。世の中の状況次第で、自分の家族に影響することだってあるんですからね。

新聞をすみずみまで読んでいると、気になる情報がパッと目に飛び込んでくるんです。たとえば保温鍋を発明した大学の博士のこと。新聞のちいちゃな記事を読んで、「これはすばらしい！」と感激して、その先生の京都の研究室まで訪ねて行ったことも。「博士鍋」と名づけられたそのお鍋は、いまもうちのキッチンで活躍してますよ。

好奇心のアンテナをはって

「おもしろそう」の好奇心にしたがっていると、人はハツラツとしますね。「知りたいことはトコトン」の性分のわたしはいつも動いています。30代初めに車の免許をとって80歳前に返上するまで、なにか心に引っかかった人やもの、生産地を訪ねて、西へ東へよく車を走らせてました。ときどき道を間違えることもあったけど、日本は国境のない島国なんだから、道が違っても隣の国に行くわけじゃない。そのうちたどり着けるはずって、迷ったのも忘れて、どんどん前へ進むのが常。それで山奥に入り込んでしまったりするから、「ボクたち歩いて帰る」と息子たちから半ベソの抗議があったことも（苦笑）。

好奇心やおもしろがりの精神は年を重ねても枯れない。そう自覚したのが、ベトナムの田舎に魚醬づくりをオートバイで見に行ったとき。でこぼこ道をびゅんびゅん飛ばすバイクの後ろに乗っているのが、77歳のわたしなんですからっ！　思い出すたび、「あぁ、おもしろかったー楽しかったー」と愉快になります。

好みの感性も、わたしは若い頃とそう変わりません。衣服を語れるほどおしゃれじゃないけれど、身につけるものは、心が明るくなるような色柄が多く、黒っぽい服は着ませんでした。わたしはフィンランドという国が大好きで、あの北欧っぽい小花模様やブルーの色に惹かれるんです。

料理のときはエプロンではなく袖ありのかっぽう着を着るのですが、既製品には気に入るデザインがなくて。わたしがいつも着ているかっぽう着は、自分で気持ちが明るくなるような布地を選び、好きなスモック風の型を考え、お裁縫上手な生徒さんに縫ってもらっているんです。

人間は一人一人違うんだから。60歳過ぎたからこんなふうとか、90歳になったらこれは出来ないとか、世間の枠にとらわれていたらおもしろいことなんて起きません。何歳になっても自分の感覚とからだを使えるだけ使わんと。

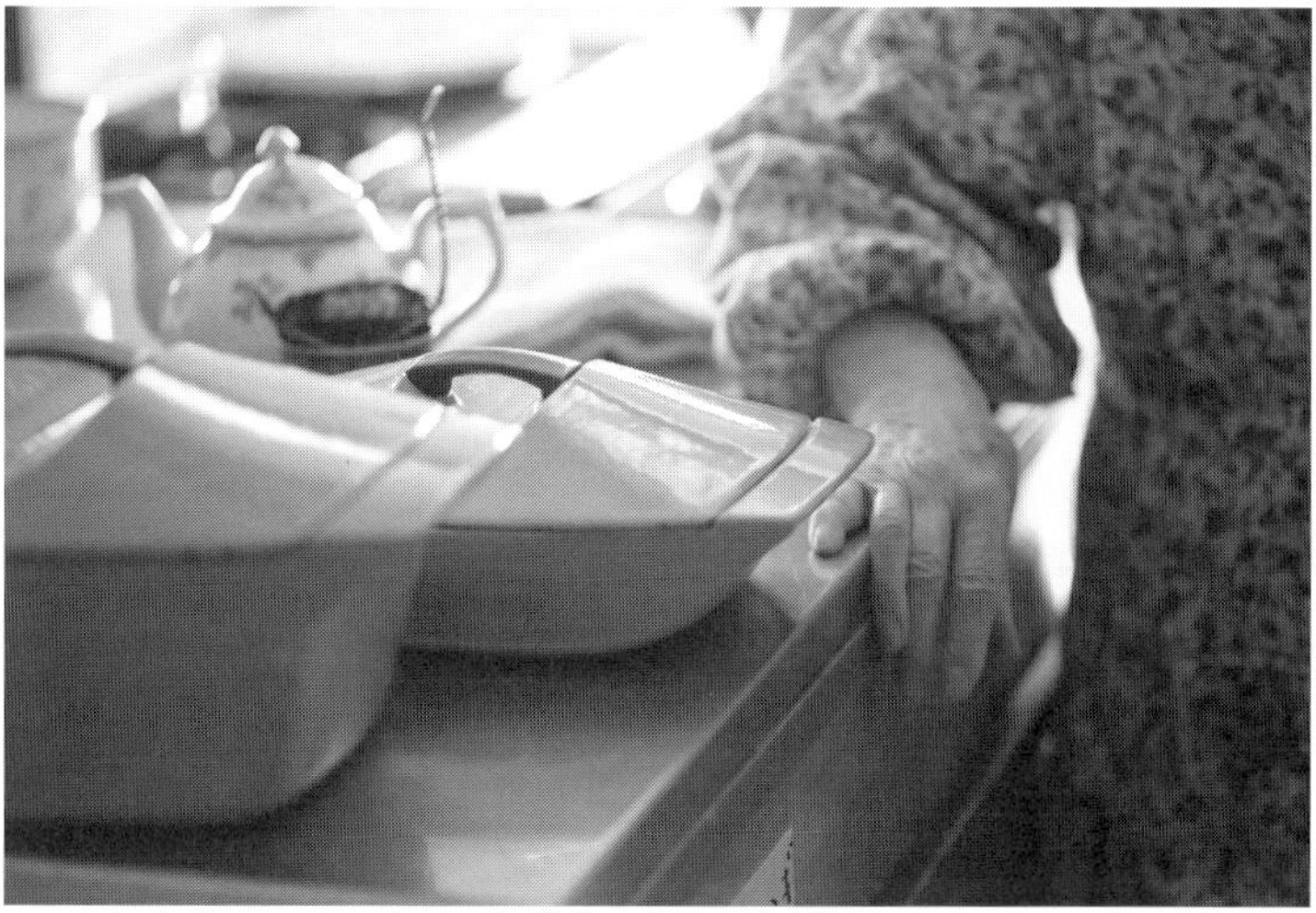

からだは年齢相応に
弱ってきますが
好奇心は老いるもの
じゃありません。
世間の型に自分を
あてはめなくていいの

人づきあいは大らかに

ひとり暮らしは息子たちが大学に入ってからだから、50年くらいになります。でも毎日わが家に人が訪ねてこられるから、「ひとり」の感じがしないの。生徒さんや昔なじみの料理関係の人、親戚にご近所の仲良しさんが、用事がなくてもおしゃべりに来てくれるんです。お仕事帰りにふら～と寄ってく人もね。

食いしんぼうのところに集まるのは、やっぱり食いしんぼうね。話題は主に食。たとえば最近の小豆のおいしい産地のこと、パリで修業したシェフが熊本で開いた森のレストランのこと、今年になって太陽の黒点が減って野菜の育ちが弱くなったこと……など、おしゃべりは多方面に広がります。

「どうしてそうなると？　教えて」「その詳しいお友だちをここに連れておいで」なんてお誘いすることもたびたび。人と人は出会って磨き合うものでしょう。友人でも家族でも、うんと年若くても、知らないことを教えてくれる人は自分の先生と思っています。最近は外出は減ったけど、親しい人たちとうちの食卓でおしゃべりする時間が、なににも増して幸せです。

人づきあいの術を身につけられたのは、大家族で、人の出入りの多い家で育ったおかげ。わたしは大人のふるまいをよく見ていた子どもで、いまも覚えているのはお手伝いさんの間で、ベテランさんが新入りさんを意地悪な言葉でいじめていたこと。「あんなことは絶対したらいかんっ！」と幼いながらも心に誓い、そういう人の素養をけなす人とも極力つきあわないようにしてきました。

人間関係の基本は、まず相手の話を聞くこと。話を聞いてよく観察していれば、その人が言われると嫌なこと、傷つく言葉がわかってきます。

人の嫌がることを口にしなければ、たいがいの人とうまくつきあえますよ。

毎月の同窓会ランチ

人と会う楽しみと言えば、毎月第４木曜日に行っている女学校のお友だちとの「おしゃべりごはん会」。来られる人はうちでお昼を食べようと声をかけて、集うようになったんです。同級生だから、みんな90歳超え。それが会ったら一瞬で昔返りして女学生に（笑）。ここのとこ出席者が減ったのは寂しいけれど……でもできるだけ続けるつもり。ひと月に1回予定があると生活にハリが出るでしょう？　ご家族も「うちのおばあちゃんが楽しみにしているから」と喜んで送迎してくださるんですよ。

ごはん会では格別なごちそうはつくりません。家にあるものをみつくろって簡単に。春なら青豆の炊き込みごはんにお汁、旬野菜の煮ものに、お漬けものくらい。同級生も果物やお菓子を持ち寄ってくれるから、テーブルの上はいつも賑やかになります。

お金をかけたり、凝ったおもてなし料理もなくていいの。心が通じ合う人と一緒に食べるごはんは、どんなにささやかでもおいしくいただけるんですよ。

「信じる心」をお守りに

生きていれば、良いこと悪いこと、想像もしてないことがたくさん起こります。わたしの人生にも何だかいろんなことがありました。

医者だった夫と結婚したのは、25歳のとき。10歳近く年上の穏やかでとてもいい人でした。双子の息子たちも授かり、和やかな家庭生活でしたが、結婚後6年で夫が急逝。ここから紆余曲折、まだ小学校に入学前の子どもたちと実家に身をよせ、わたしは兄の家の一室で料理教室をはじめました。

やっと独立できたのは子どもたちが中学に入る頃。小さな長屋の家でしたけど、人情あふれるご近所さんに助けられ、親子3人楽しい暮らしでしたね。そこから、いろんなことがありながら5回引っ越して、いまのマンションです。

好きな料理でも、仕事となれば苦労もあったはずですが、それが辛いことや嫌なことは一切思い出せないの。とにかく無我夢中で働いていましたから。

生きることは共同作業。楽しさもやさしさも一緒にいる人に伝染します。わたしの幸福は、家族でも師でも、友人でも生徒さんでも、思いやりのある信頼できる人たちがまわりで支えてくれていたこと。これに尽きます。

クヨクヨしない主義

幼い頃からおっちょこちょいで、父から「玄関に、きっしゃが来るよ」と言われて、「汽車っ!」と喜び満面で待っていると、それが「記者」でガッカリ――と一事が万事こんな調子で、父や兄たちから「タミはドジョウだな。神経が1本抜けているな」と言われてきました。でもね、ドジョウでけっこうよ。マイナスの線が1本切れて、何でもいいほうに解釈するのんき者だから、こんなに好きなことを楽しくやってこられたんじゃないかしら。

なにしろ、この世で一番ムダと思うのは、クヨクヨする時間です。「クヨクヨしたって仕方がない。嫌なことがあったら寝たほうがまし」とは、わたしの口癖のような言葉です。もともと楽観のタチですが、そんな心境が深くなったのは、はじめて外国を旅した38歳のとき。エジプトのピラミッドで満天の星空を見上げていて、ふと人生が開けていくように感じたんです。「ああ、人の一生なんて、この星の瞬きほどの短さだろうなぁ」と。だから、クヨクヨする暇なんてない。人生は楽しんでこそ価値があるのです。

「クヨクヨ」病の人は、暇があるとよけいなことを考えるもの。うちの生徒さんがクヨクヨと悩みごとを相談してきたら、「雑巾掛けでもしてからだを動かしなさい。くたびれたらうちで寝て行ってよかよ」と声をかけますね。「ならんものはならん」のよ。過ぎたことを悩んでもなるようにしかならないし、先のことを心配してもどうにもならない。それなら寝てたほうがましでしょう。ストレスで眠れない？　だったら本を読めばいいじゃない。それでもグチグチ言いたがる、わからんチンは知りませんよ（苦笑）。

自分のやりたいことに挑戦したいけれど、失敗したらどうしようと悩むのもムダ。まだ何も起こってないことを心配してどうするの？　失敗を恐れていたら創造的なことはできません。料理も仕事も、そうよ。
夢は強く想い続けていたら、いつか叶うの。少女時代のわたしは、絵描きになってパリに行きたかった。絵ではないけど、大人になってお料理の勉強で憧れのパリに行けたから満点です。

想像でも悪いことを考えて後ろを向いたらダメ。「だって」とか「どうせ」とかマイナスな言葉は使わない。「言霊《ことだま》」というのがありますから。「きっといいようになる！」と思って。心っていうのは強くいなしていけば前を向くもんです。

頭の中に
不安の種が浮かぶときは
「ふーっ、どっかに
飛んでいけー」って
吹き飛ばせばいいの。
いつでも扉が開くように
「いいようになる!」と
強く願って

お金で買えないものを選ぶ

わたしが師の江上トミ先生とフランスや北欧などのヨーロッパ、アフリカにトルコなどの中東と、世界を巡って食の視察旅行をしたのは、38歳のときです。最初に江上先生から旅に誘われた瞬間、自分の心は「行く！」と即決でしたが、ほんとうに実行できたのは両親や兄弟の応援があったから。それでも、もしも小学6年生だった息子たちが反対したら止めようと思ってたのが、彼らこそが「お母さん、行くべき！」と力を込めて送り出してくれたんです。

旅費で貯金のほとんどを使いました。のちのち兄たちから「タミはあれに行かなきゃアパートが2軒くらい建ってたんじゃないか」とからかわれましたね。まあ、それはオーバーなたとえですけど、あの頃のわたしたち一家の生活で、あの旅行のお金が大金だったことは間違いありません。ですが、あのときの決断を一度も後悔したことはないですよ。お金がちゃんと知識や経験になっていると実感してますから。

世界を自分の目で見てまわったからこそ、日本の豊かさを見いだせたし、その後の料理人生の大きな糧になって、「人生の宝もの」を得たと思います。

ものを買う価値観もそう。わたしの欲しいものも、宝石より古い梅干し、ブランドのバッグより重たい鉄鍋だったりします。だって鍋は、おいしいものを何度もつくって家族を楽しませることができるもの。流行のバッグは一時の幸せ。鍋がくれるのは一生の幸せ。その喜びはずーっと心に残るでしょう？

神さまの心に添うように

小さいときからの習慣で、毎朝、神棚と仏壇に手を合わせてお祈りをします。大変なことになっても、一所懸命にやることをやって、ちゃんとしたものを食べて生きていれば、神さま仏さまがきっと見守ってくださっている。そうどこかで感じてました。「信じる」ことが、心の下支えになっている気がします。

わたしたち世代は、どこの家でも生活の中で、神さま仏さまを敬うようにしつけられてきました。よそさまから頂きものをしたら、まず仏さまに差し上げる。実家のルールでは「お供えして15分たったら食べていい」となっていて、お客さまがおいしそうなお菓子を持ってきてくださると、父に「15分たったからもういい？」とお供えのおさがりをワクワクして待ってました。

お供えの仕方は、仏さまと神さまで違うのよ。たとえばあんこ。神さまは、自然に近いものがお好きなので、粒あんで。仏さまは手の入ったものが喜ばれるから、こしあん。大根なら、神さまには生のまま座りがいいように三方に立ててお供えし、仏さまには煮つけてお皿に盛ってお供えします。

お掃除についても、運を運んでくださる神さまは汚いところがお嫌いです。母から常に言われていたのは、とくに水の流れるところ、トイレや洗面、お勝手をいつも清らかにしておくことでした。

お若い方たちが、運を切り開きたいと思ったなら、まず自分の住んでいるところの氏神*さまがどこにおられるかを知っておきましょう。引っ越しをしたら、ご近所の方にどこが鎮守の宮かを聞いて、ご挨拶に行くんですよ。

ご先祖さまの魂だって、全部なくなったんじゃないんです。見えなくても魂があって、どこかで見守ってくださっているんです。

神棚や金ぴかの仏壇がないと、お守りしてくださらないというものじゃありません。おいしいものがあったら、テーブルに一枚紙を敷いて、自分たちよりちょっとだけ高いところにお供えする意識で「どうぞ、お召し上がりくださ い」と言ってね、15分お供えしたらおさがりを食べてもいいんです（笑）。

形式じゃないの。神さまや仏さまと心でつながっていれば、なにより心強い味方なんですよ。

＊氏神さまはたいてい地域になじみ深い神社でお祀りされている。周辺に居住する人（氏子）を守るその神社を鎮守の宮とも称する。

空を見てご覧なさい。
わたしたちの一生なんて
星の瞬きくらいのもの。
人生は笑って楽しく
過ごしたものが勝ちよ！

2章　［賢くあれ］

自然とからだを結ぶ旬材、学び方と選び方

季節のからだに、季節の食べもの

好物を問われたら、「新鮮な季節のものは何でも好き！」と即答しています。有名レストランの食事や高級な珍味より、胸がときめくのは「旬を食べる」こと。わたしは食いしんぼうだけど、冬にスイカを食べたいとは思いません。その代わり、夏に太陽をたっぷり浴びてしっかり熟したスイカを食べると、「あぁ、おいしいねぇ～」とお腹の奥底から喜びがわきます。からだってほんとうに正直者です。

旬の食材がからだに良い理由

ナスやキュウリが真冬の店頭に並ぶのはあたり前で、季節外れのものでも手に入る時代。だから、からだが欲してないものを食べて、知らず知らずに不調になってませんか？　人のからだは季節の食と結ばれているんです。

春は、冬に溜まった老廃物を流すため、アクの強い野菜を適度に食べて解毒。夏の盛りには、水分を補うためにキュウリやナスなどの野菜を食べて、たっぷり汗をかき、からだに溜まった重金属の毒出しを。秋になると、夏に消耗した体力回復のため、また冬場に風邪をひかないよう、秋野菜でエネルギーを蓄積して。冬は、厳しい寒さに耐えられるよう、体内を温める根菜類、冬野菜を取り入れます。

毒を出し、巡らせ、滞りなく。季節の食材を食べることは、わたしたちのからだが次の季節を迎える準備をするために、とても重要なんです。

季節の変わり目に不調になりやすいのは、からだが気候に慣れないうちにごちそうを食べ過ぎたり、睡眠時間が足りなかったり、自然に反した行動をしたとき。昔の人はそういうことを知っていたから、春分、お盆、秋分を境に、季節に適ったような食や暮らし方に変えていったんですよ。

山と海、土地の出会いもの

食材選びは、季節のもので、新鮮で安全に栽培されたものが一番です。よく育っていて、栄養満点。自然が授けてくれた天与の味は、調味料も少なくていいし、手をかけなくてもおいしく料理できるありがたいものです。

旬材も、近隣の土地同士のものは良く合います。以前に福岡のある地域で、レシピ開発のお仕事に携わったことがありました。その地で穫れる食品を使った料理で喜ばれたのが、豚肉のリンゴ巻き（P155）、ナスの梨煮、ブドウと豚肉のオーブン焼きといった、特産品の果物をおかずにしたレシピ。取り合わせの珍しさとその美味に驚かれましたが、これも身土不二*ゆえと思います。

それから旬の山のものと海のもの。これも組み合わせの妙で、春なら筍とワカメ、冬はブリと大根は、栄養バランスの相性もバッチリ。そして昆布と豆煮、

* 身土不二（しんどふじ）とは、その土地でその季節に穫れたものを食べるのが健康に良いという考え方。

大豆とひじきの炒め煮、ひじきと枝豆の炊き込みごはんなんかもおいしいでしょう。大豆だけを食べ続けると豆の成分が過多になりますが、その副作用をおさえるのがヨードを含む海藻で、一緒に食べるといいんです。*

日本の土は酸性なので、ヨーロッパの野菜などに比べると、野菜に含まれているカルシウムがかなり少ないそうですよ。海に囲まれた島国に住むわたしたちの祖先は、昔から大豆や野菜と魚介のカルシウムを一緒に食べて栄養バランスをとっていたのでしょうね。

* 大豆製品は海藻類によるヨウ素過剰症を防ぎ、逆に海藻類は大豆製品によって引き起こす可能性を持つヨウ素欠乏症を防ぐのに効果があるとも。

献立は気候と体調に合わせて

都会のビルの中で暮らしているとつい忘れがちですけど、わたしたち人も、自然とつながって生きているんですよ。頭がどーんと重くなったり膝が痛んだりすると、「明日は雨やね」と感じたりするでしょう？　ですから気候の変化に敏感になって献立を考えることは、健康でいるために大事なことなんです。

ちょっと早起きして空を眺めながら、家族の顔を浮かべて、今日のごはんを考えてみてください。

夫の顔色が黒ずんで疲れているなと思ったら、たとえば夕食は消化のいい白身のお刺身に。子どもが運動をがんばる日だったら、疲労回復にいい豚肉をお弁当のおかずにしてはどうですか。

夏場の冷房負けで、食欲が落ちている家族には、胃腸にやさしく滋養もある冷や汁（P148）がおすすめ。冬の寒い日に出かける家族には、特製のニンニクスープ、ソパ・デ・アホ*（P148）を飲ませて送り出して。からだの芯からポカポカして冬でも汗をかいて代謝が上がり、元気が出ること請け合いですよ。

家庭の料理は、ただお腹をいっぱいにするだけじゃなく、家族の疲れたからだを整え、明日の栄養を授けるためのものですからね。

気圧の谷に食べるものは？

「気圧と食事に何の関係が？」と思われるでしょうけど、大いにあります。

気圧が下がると、血の流れが遅く、消化が鈍くなり、何となく気分が重くなる。また食欲も落ち、からだの動きものろくなりがち。気圧の谷が通った後は亡くなる方も多いそうですよ。

ただ、気圧は目に見えないものですからね、忙しい人たちは、からだの違和感を知りながら、食べることとは結びつけず調子を崩しがちです。でもそんな

*スペイン料理のスープ。ニンニクを潰さず丸のまま、ことこと煮込むスープで、臭みが出ないので日中に飲んでも大丈夫。

お天気の日こそ、からだに負担の少ない献立を考えましょう。

　気圧の谷のときには、消化のいい野菜や、魚、汁ものがおすすめ。消化に時間のかかる、かたまり肉や乳製品、油っぽいものは避けて。今日は豚肉にしようと買いものをした後に、雨がザアザア降りだしてしまったら、消化しやすいように肉の脂肪部分はよけてミンチにする、といったひと工夫をしましょう。

　塩の加減も、おうちで料理をする人が、お医者さんのように判断してください。暑い中からだを動かした日と、雨降りに読書をした日では、からだが欲しがる塩分量が違うでしょう。それなのに日本ではカロリー計算が夏冬一緒って、これもおかしなこと。食べる人に寄り添った味つけを忘れないでください。

わたしたちの
からだは
自然と結ばれ
ているの。
だから季節や天気に合わせて
家族のからだを気づかう献立を知っておきましょう

考える力、選ぶ力をつける

情報が盛りだくさんのいま、本物に似せたウソも混ざっているでしょう。だから授けられる情報や知識も、一度「自分の頭で考える」ことが大事ですね。「考える力」「選ぶ力」を養うには、自分の経験を蓄積するしかありません。気になること、知りたいことに、自分から歩みよって実感することが大事。その手段として、わたしは若い頃から「旅」が大好きでした。

旅で目と舌を鍛える

わたしが料理の道を歩きはじめた戦後すぐの頃は、欧米文化にみんなが憧れをふくらませていました。そうした時代に江上先生に導かれ、フランスではパンやワイン、ベルギーではワッフルやチョコレートと、本場のものづくりに触れ、舌で味わって、確信したのは、「〝ほんとうのこと〟は、自分の目で知るのが一番」ということ。以来、身軽を身上に、ときには新聞紙にくるまって眠るような旅も楽しんで、おいしいものがある地へ出かけてきました。

旅先で目と舌を鍛えるために、一流の料理店で食べたりもしましたが、それだけが勉強ではありません。自然や景色、出会う人にも学びが多くあります。欧米でもアジアでも国内でも、わたしが忘れられないのはその土地の主婦たちが通う市場や、普通の家庭で食べさせてもらったごはん。お店とは違う、家庭料理の「ほんとう」が見えてくるんです。

たとえばフランスの食卓といえばバターと思っていましたが、昭和30年代に現地を旅したとき、ノルマンディー地方の家庭で「夜はパンにバターをつけない習慣」だと知りました。日本でもそうですが、フランスでも寒い北部と暖かい南部では食文化が違っているんです。ただ時代と環境で変わってくるので、バターの食べ方もいまはまた変わってるかもしれませんけれど。食は通り一遍ではありませんね。

外国語ができなくても、日本ではこうするのよって、身ぶりで教え合うとすっと気持ちがつながるのも楽しい。知恵の交換で、さらに豊かになりますね。教わるときは知ったかぶりをせずに、気になることには、自分からどんどん近づいて知りましょう。そうして味わって確かめたり、感じたりしたことをノートに記しておくといいですよ。自分だけの体験や情報が、「選ぶ力」を磨いてくれるはずです。

外に行って見える文化

どこの国に行ってもおもしろいのは、郷土料理。食文化には、その地の気候や地理、歴史があって、民族の知恵が一番詰まっているから興味が尽きません。たとえばね、野菜の産地について。アジアの市場を旅して、ふと「胡瓜、胡麻、胡桃《くるみ》には、どれも〝胡〟という漢字がついているなあ」と気づいたんです。「すると、胡*の国から渡ってきたものでは?」と自分なりの推測がひらめく。そんな瞬間は星の煌《きら》めきをつかんだみたいに、何ともワクワクします。

* 古代、中国北方の異民族の国。

外国に行くと視点が広がりますから、「日本」についての再発見もあります。フランス人って「フランス料理こそ世界で一番」と、自分たちの食を誇るでしょう。でも「あら、日本の食文化だって素晴らしいのよ」って伝えたくなります。手仕事の道具や調味料の豊かさだけでなく、季節感を食卓に映した家庭料理は和食だけなんですから。

そんなふうに「民族と食」を考えると、わたしたちの祖先が食べつないできた「米」は唯一無二の食材です。最近はお米を食べずに、欧米人のように肉食を好む人が多いそうですが、日本人には動物性タンパク質を消化する酵素が少ない体質の人が多く、肉食が過多になると便秘になって血が濁りやすいんです。

わたしたち日本人のからだは、遺伝子と結びついた米に適応し、腸が長く、ごはんをゆっくり消化して、活力が長続きするようになっているそうです。疲れていても、ごはんを食べると心もからだも元気になれるんですから、偉大なエネルギー源でしょう。それにね、わたし、世界中でいろんなものを食べてきましたけれど、日本のお米ほどおいしいものはないと思うんですよ。

学びを役立てる人になって

〝知っている〟と、〝やっている〟は違います。問うだけの「学問」より、学びをなりわいとする「学業」にしなくては。暮らしに役立ててこその知恵です。

たとえば、みんなが好きなマヨネーズ。スペインに行って、マヨネーズの発祥の地とされているマヨルカ島を訪ねたとき、その島の景色を見てなるほどと思いました。島にはオリーブとレモンの木があって、元気な鶏がいっぱい。「ああ、搾りたてのオリーブオイルにレモンの果汁、それに新鮮な卵があるから、マヨネーズという調味料がここに生まれたんだな」ってすとんと腑に落ちたんです。

そんな背景を知ってから、日本の九州でつくるわたしのマヨネーズ（P148）は、オリーブオイルを、菜種油や椿油に替えて調合してます。食べものの背景の物語がわかると、自分に合った工夫ができるようになりますよ。

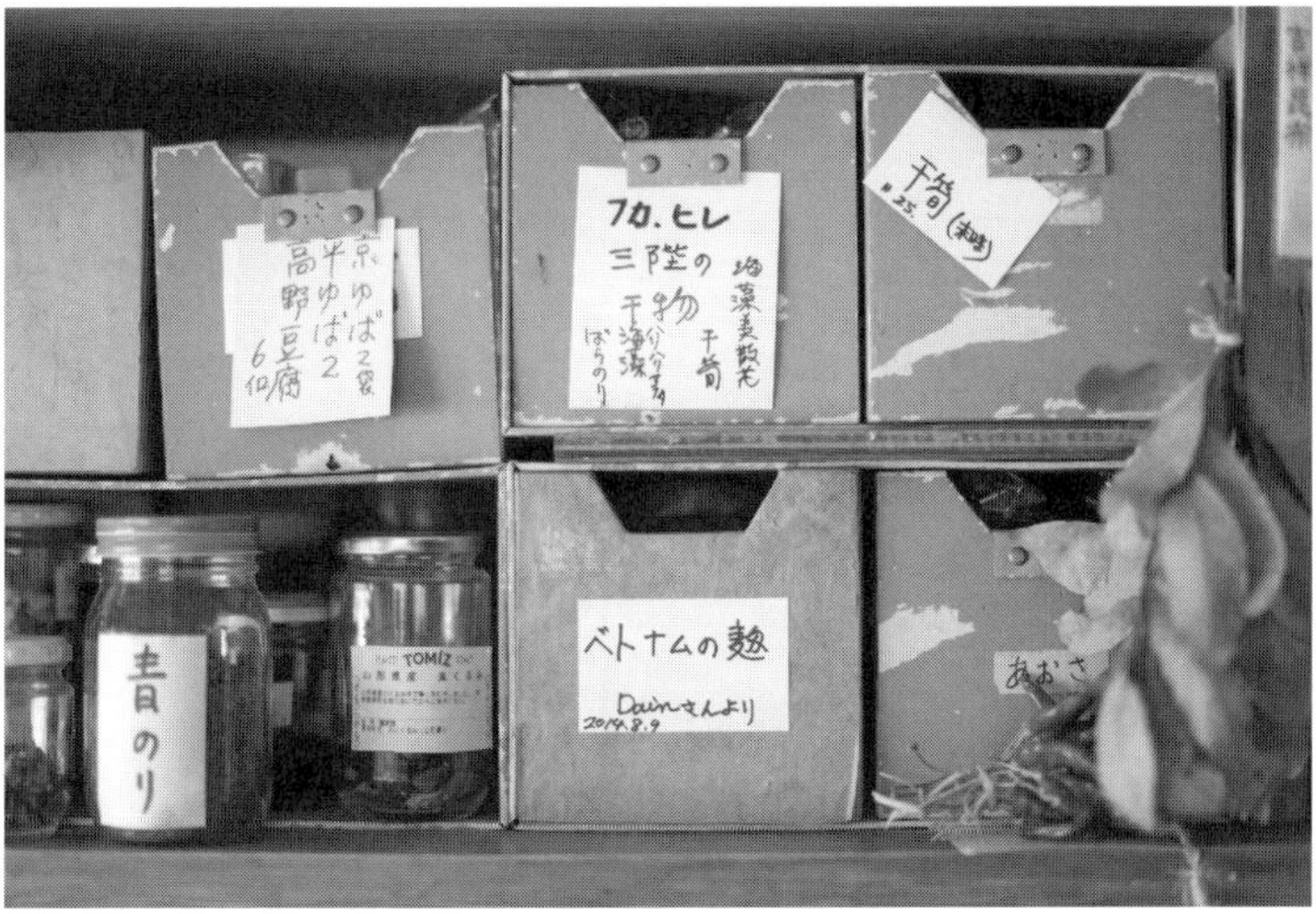

知りたいことは
自分の目で知るのが一番。
教えてもらったことも
他人任せにせずに
もう一度
自分で考えることよ

素性を知って食材を手に入れる

食べるものを粗末にするべからず――これは、うちの実家の鉄則でした。

小皿に醤油を数滴でも残していると、父は「これをつくるためにどれだけの人が働いて出来たものか考えると、おいそれと残せやしないだろう」と幼子に対しても真剣に諭していました。またお茶碗にごはんを数粒くっつけたままにしていると兄たちから「いいかタミ、お米は八十八と書くように、実るまでには88も人の手間がかかっているんだぞ」と父そっくりのお説教がはじまります。

食べものの向こう側にある風景を思いやる――つくり手のこと、食材のことを自然と考えるようになったのも、食卓の教育のおかげと思えますね。

賢く、安心な食材を選ぶには、できるだけ素性を知ることです。自分が口にするものがどんなふうにしてつくられているのか。安いものは、なぜそんなに安くできるのか、考えてみて。野菜なら、どういう土地でどう栽培されたものか、生産もとを知っているといいです。値段だけで買ってはダメだし、無農薬だからといって生気のない野菜はいけません。よく見て、触って匂って。「この野菜の命は生き生きしている？」と、真剣に選別しましょう。

食材の入手先も重要です。30年ほど前から、うちの食卓に上がる野菜はほとんど息子たちが育てたもの。肉や魚は、長年同じお店から買い続けています。農家など生産者から直接手に入れる方法や、自分の見る目に自信がないうちは、良質のものを扱っている店をご贔屓《ひいき》にして教わりましょう。何度も通って信頼関係ができると、ヘンなものは勧められません。ほんものの食材をつくる生産者やお店の人なら、わからないことがあれば、喜んで教えてくれますよ。

学校では教わらない素材の活かし方

素材の持ち味を引き出す、ちょっとしたコツ。四季の野菜を扱う知識があると、おいしいものがつくれるようになります。

レモン汁など柑橘は、一度で搾りきるんです（P144）。二度三度と搾り足していると、苦みが加わります。春の筍には、女筍と男筍があって、芽皮の先が黄色くて底が楕円の女筍はアクが少なくやわらかいんです。

カリフラワーやアスパラガスは「小麦粉水（P149）」でアクを除いたり、水っぽいゆでた野菜には、昔ながらの日本料理の調理法で「醤油洗い（P144）」「酢洗い（P144）」のひと手間をかけるとまったく仕上がりが違います。

それから、ナスのガク。干してとっておいて黒豆を煮るときに入れて煮ると、きれいな色がつきます。おせちの黒豆煮をつくるときには絶対にいるの。それに黒豆と一緒に煮た、ナスのガクもすごくおいしくって、つくづく「野菜はムダなところがない」と思います。

料理は科学。
食材が
教えてくれる
自然の「理《ことわり》」がわかってくると
料理が自由になっておもしろくなります

台所仕事の第一歩は、鍋炊飯と出汁とり

毎日の食事の軸になるごはんを、わたしは土鍋を使って炊きます。炊き方には、毎回気を使いますよ。ごはんがおいしく炊けないと、おかずのおいしさも半減だし、その逆に、青菜炒めとか厚揚げ煮とか地味なおかずの日も、ふっくら炊けたごはんがあれば、満足できる一食になります。

若い方たちが自炊をはじめるとき、または家庭料理を学び直したいときは、まず「台所仕事の第一歩には、鍋で炊くごはんを身につけて」とおすすめしています。小さいキッチンでも、土鍋や厚手鍋が1つあれば、米も1~2カップの少量から炊けます。炊飯器が頼りだった人も、自分の感覚を使って、自分の口に合うごはんを炊けるようになると、料理の新しい道が見えてくるはずです。

水加減は、米と同量〜1・2倍が目安です（新米のときは少なめ、古米のときは多めに）。最初の何回かは測って、そのつど手の指をひたして水分量を手で覚えましょう。お米は季節などで水を吸う具合が違うので、炊く前に水にひたしたお米がどの程度白くなっているかをよく見て。白くなっているところが吸水したところです。

使う鍋でも変わってきますから、自分の鍋でやってみるしかありません。失敗したって大丈夫、だいたい食べられますよ（笑）。毎日、繰り返し炊いて。お鍋の中のお米とおしゃべりするみたいに、よく見てよく聞いて五感を使って。「もう少しやわらかく」「もう少しかた目」と、だんだん自分の好きな炊き加減に近づけて。そうするうちに、毎日ごはんを炊くのがおもしろくなってきますよ。

［土鍋ごはん　わたしの炊き方］

① 炊く前に、米を洗って竹ざるに上げておく。土鍋か厚手の鍋に水気を切っ

た米と、水（米と同量〜1・2倍が目安）を入れる。

② 鍋に蓋をして強火にかけ、湯気が勢い良く上がって沸騰したら、高温を保ちながら10〜20分炊く。

※慣れるまでは途中蓋を開けて鍋の中を見て、水気*がなくなってきたら火を少しずつ弱める。炊き時間は鍋や米の量で変わる。

③ 火を止める直前に少し強火にして、追い炊き。鍋底の水分を飛ばす。

※追い炊きのとき、少し長めに強火にするとお焦げができる。

④ 炊き上がったら10〜15分蒸らし、しゃもじをさっくり入れてほぐす。

※炊きたてのごはんをおひつに入れると、いらない水分がとれる。冷やごはんになってもおいしい。

* 水分の飛ぶ音がブチュブチュからプチプチと乾いた音になるのがポイント。

炊き上がって
くると
米の表面に
カニ穴がぽこぽこ。
プチプチという乾いた音も合図ですよ

「水出汁」さえあれば

家庭料理の味つけの土台は、自家製のお出汁です。わたしが常にとっているのは、いりこと昆布の「水出汁」で、味噌汁や煮もの用に、冷蔵庫に毎日用意しています。とにかく前の晩に、瓶の水につけておくだけ。とっても簡単で、出汁とりは難しいと思って既製品を使っていた人たちや忙しい人たちにも、「つけるだけなら続けられる」とずいぶん喜ばれています。

九州の家庭料理の味つけは、昔からいりこが基本。いりこ選び[*]は、大きいほど濃い味になりますが、家庭では5センチ以下のものが使い良いです。天日干しするとビタミンDが増えるから、ざるに広げて太陽にあてて保存します。ひと手間ですが、臓物を除いて使うと臭みがまったく違いますよ。

昆布は、海外の料理人たちまで「ウマミ」と注目するので少し高価になりましたが、利尻はお手頃と思います。買ってきたら袋から出して干しておきます。

* 良質ないりこは、銀色に輝いていて自然乾燥したものがおいしく長持ち。

寝かせたほうがお出汁の味が良く出るから、わたしは3〜5年寝かせてます。白い粉が吹いてもあれは旨味です。軽く拭くだけでいいの。使う分だけ切って、密封容器に入れて常温保存して使います。

水出ししただけの、いりこと昆布の出汁は、あっさりした上品な旨味です。試してみてください。

［水出汁のつくり方］

① 800ccの瓶に水を入れ、カットした昆布（10cm幅×10cm目安で1枚）、いりこ（中サイズ目安で約15g）を入れておく。
※いりこは状態によって10〜20gと分量調整して。

② 一晩水につければ味が出る。冷蔵庫で3〜4日が保存の目安。夏場は2日ほどで、早めに使い切って。

寝る前にいりこと昆布を
ぽんぽんと水に入れておくだけ。
この水出汁の
瓶さえあれば
明日もおいしい
でしょう

3章　［健やかなれ］

五感に心地良い、基本の道具と調味料

手に勝る道具なし

もし無人島に、手提げバッグ1つ分の荷物だけ持って、住むことになったら？　そうですね、わたしだったら、籾《もみ》がらつきの稲、野菜の種、塩と油、それに銅鍋とマッチをバッグに入れていきます。石でも積んで火の場をつくり、鍋に野草を入れ油で炒めたり、煮て塩で味をつければ、おいしい食事ができるでしょう。稲や野菜の種を育てながら、火種を長持ちさせる方法も、知恵をまわしていれば、そのうち見つけられるでしょう。便利なものがなければ、人は工夫するんです。

時代の流れで、家庭料理に合わせ、調理道具も変わってきました。いまは手間のかかることが敬遠されるようで、「手を汚さずに、ラクで早い」道具が次から次に生まれていきます。それで少し心配に思うんですよ。機械で便利に料理しているうちに、うっかり大切なことを失くしちゃってないかしらって。

コーンスープをつくるとき、わたしはトウモロコシをすり鉢で潰します。ミキサーでしかつくれないと思っていた生徒さんは、コーンの粒のコクと風味の豊かさに、一様に驚かれるの。「道具でこんなに味が違うんですか！」ってね。

便利な機械に頼り過ぎていると、それが壊れたり停電したらどうします？手間いらずの道具は、途中の「手でつくる」ところを省いてしまうから、頭も手も工夫の方法がわからなくなるでしょう。だから、ときには便利から離れてみてください。

何しろ「手に勝る道具なし」です。わたしたちには、せっかく働き者の手があるのに、手を使わないなんて、もったいないじゃない。

手で食材に触れて鮮度を見極めたり、手をかざして火の温度を感じたり。それから掌や指で長さを測り、手に持って重さを量ったり……。せっせと手を働かせ、からだで覚えた積み重ねの感覚は、何年たっても忘れません。

無人島に行って何もなくても、「このふたつの手という道具があれば、なんとか生きていける」と、のんきにつぶやけますよ。

「火」という調理道具を五感で使って

人類が発見したすばらしい調理道具、それが「火」です。食材は火の通り方次第で、おいしさが俄然違ってくるでしょう。

わたしは電子レンジを一切使いませんが、試しに使ってみたことはあります。これは個人的な感覚ですけど、電子レンジの熱の通り方が、わたしにはおいしく感じなかったんです。冷凍ごはんを温めるのも、レンジのほうが数分早いでしょうが、蒸し器のふっくらしたおいしさとは比べものになりませんね。チンという音より、ほかほかの湯気が醸す調理のほうがわたしには心やさしく感じるんです。

結局わたしは、電気の熱と気が合わないんですね。電気より、ガスの火の、やわらかい波動がわたしには合っている。ほんとうは昔のように、薪の火なら最高と思うけれど、さすがにマンション暮らしでは叶いません（苦笑）。

子どもの頃に食べていた、竈《かまど》炊きのごはんもおいしかったけれど、パンも直火で焼くとおいしいんですよ。忘れられないのは、ロンドンの田舎宿の朝食で供された、炭火焼きのパン。香ばしくぱりっとして、ほっぺたが落ちるくらいおいしかった！　それからは家でもパンを網にのっけて直火でこんがり焼いてるの。

「香ばしく」は火の調味。冷や汁をつくるときに、味噌だねをこんがり焼きますが、トースターではなく直火で炙《あぶ》ると香味が引き出されます（Ｐ148）。いまのコンロは、強火や弱火もスイッチですが、機械任せにしてはダメ。火の勢いを、自分の目で見て、熱の強さも手をかざして温度を感じてください。

自分の五感を使った微妙な火加減が、あなたの「味」に結びついてきますよ。

便利が過ぎて失くす「気」

日常に使う道具で、人の感性は変わります。料理道具が変わって、失くしてしまう心配があるのが「気」の遣いよう。便利に慣れ過ぎてしまった最近の人たちは、「気働き」が鈍くなってきたように感じます。たとえば「すり鉢を持ってきて」と頼まれたら、すり鉢だけ持っていくようじゃいけません。気を働かせてすりこぎとしゃもじ、すり鉢の下に敷く濡れ布巾まで持っていったら、頼んだ側は気持ちがいいんです。

これはすり鉢1つのことに限らないの。人から何かをお願いされたら、その言葉の奥にどのような意図があるのか、さっと思いを巡らせてますか?

時間を短縮しようと何でも機械に頼り過ぎると、気働きや気遣いの感性が衰えてしまう。五感を使う手の道具を愛用していると、頭と手を使います。そうした「気」を働かせる知恵を、道具が教えてくれるんです。それは便利にあふれる現代の暮らしにこそ、ほんとうに大切なことだと思うこの頃です。

不確かな
世の中
だからこそ
せっせと
手を働かせ
ましょう。
便利に頼り過ぎると気働きの感覚を失くし
かえって不便になりますよ

毎日使って心地いい道具

毎日毎食、台所で一日に何度も手にしている、わたしの基本の道具。愛用品の顔ぶれは、50年以上使い続けているものもたくさん。わたしのつくる料理に合っていて、手入れや修理をしながら長く使える道具を選んできたら、自然と揃ったものです。

基本の包丁・まな板

おいしい料理をつくりたいなら、切れる包丁でないと！　切れない包丁は、指を切っても痛みがいつまでも残ります。それは野菜でも魚でも同じで、包丁が切れないと切り口の細胞がぐちゃぐちゃ崩れ、その痛さでイヤな味を残すんです。よく切れる包丁で、切り口正しくきれいに切り整えると、味も気持ちが良いものになります。

素材をいじくり過ぎるのもいけません。なるべく包丁に触れる回数を少なくして、3回で自分の仕上げたい大きさに切りましょう。それ以上切ったら、おいしい味をまな板に食べさせることになりますよ。

それから食材の切り方でも味を左右します。繊維に沿わせて切るか断ち切るかで、食感も味わいも違ってきますね。とくに玉ねぎのみじん切りに関しては、フランスでもインドでもこだわっていました。実際に、繊維に沿って包丁の刃も斜めにしながら切ってから、みじん切りにすると甘くなるんです。対して、粗みじんに切ると、辛い味が舌に残ります。それぞれ切って食べ比べてみるとよく分りますよ。

［包丁］

日本の鋼製の包丁は造りが良く、海外の料理人からも評価されています。わたしは質のいい砂鉄を使った「やすき鋼《はがね》」を愛用。種類は、サイズ違いで菜切り包丁、出刃包丁、刺身包丁と使い分けています。

一般家庭の基本は三徳包丁ですが、定番にもう1本加えるなら、果物用の小さめの包丁（刃渡り15〜17センチ）があるといいでしょう。

新生活に取り入れるなら専門店で相談して、自分の手と用途に合ったものを選んでください。刃を自分で砥《と》げるようになると安心です。

【まな板】

木製に限ります。抗菌性があって、ほどよくかたく厚手のものがいい。わたしはイチョウが気に入って使っていますが、ヒノキをお持ちなら、それも結構ですよ。

調理前に、濡らしてから使うと水が膜になって汚れがつきにくくなります。スポンジでなく、水を流しながらタワシでごしごし洗うと木肌につまった汚れも落ちます。汚れが落ちてないのに殺菌のために熱湯をかけてしまうと、かえって汚れが取れないですよ。清潔な布巾できっちり拭いて日陰干し。柾目《まさめ》を立てて、ざるの上などで乾かします。

玉ねぎのみじん切りには、
世界中の料理人が
こだわります。
それだけ切り方で
味が変わるんです

基本の鍋

鍋の基本は煮ものの調理ですが、一番出番が多いのが銅鍋。とにかくわたしは、銅鍋贔屓なんです。その理由は「おいしいものがつくれるから」。

うちで一番古株の銅鍋は、師の江上先生からいただいたフランス製の銅鍋。もう70年くらい前のことになるかしら。西洋料理は、魚を丸ごと1匹扱うことが多いので、形が楕円形の鍋が合うのです。当時そういう形は日本にはありませんでした。和食では底が丸い広口の鍋に、魚を重ねて煮るのが昔ながらの調理法。いろりの自在鉤をもとにした煮方と言われています。魚を煮るときは丸形の鍋と落とし蓋を使って引っくり返さず、少ない煮汁が自然と鍋肌をまわって魚を包むように煮上げるのです。

つまり煮もののときの鍋の形は、鍋底の角がゆるやかに丸くなっているもののほうが煮汁がのぼりやすいというわけです。

煮ものの調理で知っていてほしいのは、長く煮ても味はしみこまないということ。火を切って、冷めていく過程の60〜80度の温度で、30分置いておくことで味がしみます。

［銅鍋］

銅鍋は熱のあたりがやさしく、均一に火が通り、煮崩れもしませんし、味つけが薄くてもよくしみます。大所帯だった生家でも、一度にたくさんの量を調理できておいしく仕上がる銅鍋が重宝されていました。

白身魚は強火でさっと煮て、ほぐした身を煮汁につけながら食べます。赤・青魚は弱火でゆっくり煮て、味をしみこませます。イカや貝を煮るときには、煮過ぎないように何回か取り出しながらつくるとやわらかくておいしく仕上げられます。

お手入れにはコツがありますが難しくありません。使い終わったら、ガス火で軽く温めて乾かしておくと水分が飛び、緑青《ろくしょう》も出ません。緑青は害にはなりません。変色したら梅干のシソで拭くとピカピカに戻ります。

この銅鍋、ちょっとお値段は張りますが、一生ものどころか、次の代でも使い続けられるから、長い目でみれば経済的です。生徒さんたちはうちの教室で使ってみて、何でもおいしくできる実力がわかって手に入れた人がずいぶん多いんです。

［土鍋］

土鍋は冬に限らず年中無休で使います。うちでは小・中・大のサイズを使い分けています。ひとり分の朝ごはんには、野菜たっぷりの小鍋仕立てで食べています。中サイズの土鍋はごはん炊きによく使っていて、中蓋つきなので吹きこぼれません。大鍋は人が集まったときの鍋もの料理にも活躍しています。どの料理に使うにしても鍋底の厚いものを選びます。土の遠赤外線効果と、蓄熱性が高い肉厚な造りで、じっくり温まってから沸き立ち、火を止めてからも長く温度が保たれ、余熱調理でおいしさが増します。はじめて使うときは目止め*をしておくと、割れにくくなり鍋が強くなります。

［鉄の中華鍋］

中華鍋は万能です。炒めて、揚げて、蒸して、ゆでて。とにかく1つあれば何でもできます。あんまり軽すぎるより、少し厚みがあるものがおすすめです。一般に片手持ちの「北京鍋」、両手持ちの「上海鍋」があります。家庭用で

*土の目を埋める目止めには、ごはんとたくさんの水を入れて1時間弱煮て、やわらかいお粥を炊く。

は北京鍋のほうが使い勝手が良いですが、セイロなどをのせるのには両手鍋のほうが安定がいいのです。はじめて使うときは空焚きしてから、よく油慣らしをしてください。使用後は洗剤を使わず、お湯洗いしましょう。

フランス人に自慢したい日本の道具

日本ならではの台所道具の中には、つねづね「おいしいものに目がないフランスの人に、この道具を紹介したら絶対喜ばれる」と思い続けてきた逸品があります。すり鉢、竹ざる、馬毛のこし器、それにおひつ。どれも昔ながらの手仕事の道具ですが、現代の暮らしの中で活用されていて、国境も時代も超えて「良いものは良い」と言える優れものです。

料理の仕上がりのおいしさはもちろんですが、使い勝手の心地良さ、それに長く使い続けてさらに味わいが育つ点もいい。手料理とは、こういう道具たちに助けられてつくるものだと感じられる道具ですよ。

［すり鉢］

すり鉢は、ひとまず小と中を揃えましょう。大もあればなお良い。ごまを香りよくすって野菜と和えたり、粒味噌をごりごりとすって、お出汁でのばすとおいしい味噌汁になります。すり鉢はフードプロセッサーと違って、金気を使わないので、旨味と風味をしっかり残して粒子を細かくできます。フードプロセッサーはときになめらかになり過ぎるのね。ぜひ食べ比べてみてください。

すりこぎは、山椒の木を愛用しています。かたくて、毒素を消す効用があるんですよ。

［竹ざる］

日本産の竹ざるはほんとうに優秀で用途が広いです。弾力があって強く、湿気をよく吸います。ステンレスのざるは水気を吸収しませんから、水切れが違う。洗った野菜、洗った米、ゆでた食材の水切り、一夜干しも竹ざるが水分をほどよい塩梅で取ってくれます。大きな竹カゴでは、梅や乾物を干しもしますが、おひつや木の道具を乾かすときも、竹ざるだと水切れがいいのでのせて乾

* エジソンが電球のフィラメントに使ったのは京都の竹。竹を蒸し焼きにして炭にし、「光るシャープ芯」のようにしたもの。

かします。ステンレスのざるでは太陽で熱くなり過ぎて水分を吸いません。竹ざるは網目を見て、竹の内側（白い色）が上になっている、手仕事のものを選んで買います。

ちなみに、あのエジソンが研究の末に電球のフィラメントに使ったのは日本の竹なんです。世界に誇れるものですよ。

［馬毛のこし器］

こしあんの小豆、白和えの豆腐、きんとんの芋に、リンゴやかぼちゃ、ゆで卵……いろいろこします。馬毛のこし器は金属素材のものと違って、食材に金気をうつさずに、繊維をなめらかにこす。口あたりの上品さが違うんです。*

使う前に、逆さにして薄く張った水につけ、丁寧に布巾で拭いてから使います。天然の馬毛は濡らすと毛がピンと張るんです。網目に対して対角線上に、下に軽く力を加えながら引きます。網目に沿って押すと目が寄ってしまい、たるみの原因になります。洗うときにタワシは使いません。水で流し、布巾で拭いて、日陰干しにします。

* 馬毛には天然のキューティクルがあるので、他の素材のものよりも食品の粒子を細かくできる。

［おひつ、すし桶］

おひつは、さわら製で柾目のものが、水分を吸いやすくて一番良いです。柾目は乾きが早いんです。タガの部分を太い銅で巻いたものが強い。プラスチックでは使っているうちに割れてしまいます。おひつを使うときは、濡れ布巾で拭いてから使います。ごはん粒がくっつきにくくなり洗いやすいです。

すし桶は酢水にひたした布巾で拭いてから使うと、すし飯の持ちがよくなります。桶蓋がないときは、乾燥しないように濡れ布巾をかけておきます。

洗うときは、水かぬるま湯でタワシを使って落とします。水分をよく拭いて日陰干しにすると、何十年も保ちます。わたしは古いものだと50年使っています。

つくり方
だけでなく、
どんな道具を使って
どんな料理をつくるかも大事

常備する自然調味料

基本の調味料は味つけの要《かなめ》ですから、ほんものを使いましょう。伝統的な製法でつくられた製品の中から、味見をして自分の舌に合うものを選ぶといいでしょう。手間と時間をかけてつくられた調味料は、価格が少し高めでも、いつもの料理を一段とおいしくしてくれます。

それに市販のドレッシングやソースなどにはいろいろ加工した合わせ調味料がありますが、良質の基本調味料があれば自家製でこと足ります。わたしがサラダのときによくつくるのは、酢と油に塩とコショウを合わせてつくったヴィネグレットソース（P149）。ゆでた野菜にかけてよく食べますが、味も自分の好みに調合できて、保存料などの添加物も入ってないから安心です。

好みはそれぞれですが、自分が生活する土地の味を大切にして選びたいものです。

［塩］

塩はからだを元気にする調味料。良い塩を使うと、素材の味がぐっと深まります。普段使いは自然塩で、海の塩がいい。日本海か瀬戸内海か太平洋か、どの海水でつくったかで味が違います。塩分濃度も違うので、料理に使うときは味をみて自分で加減しないといけません。わたしは濃くきりっと澄んだ日本海の塩が好み。塩は食べてみて好みで使い分けます。たとえば粒が細かくまろやかな味の塩はドレッシングやおにぎりに使っています。素焼きの容器に入れておくと湿気がたまらずにサラサラの状態が保たれます。

［醬油］

醬油は糀《こうじ》菌を長年受け継ぎ、伝統製法でつくられたものを選んでいます。できれば各地にある醬油蔵まで足を運んで製造の現場を見るといいです。醬油の味には土地の味があり、九州は甘いですが、関東は塩っ辛いですね。お吸いものには、汁を煮立たせてから醬油を落とすと、香りが立って醬油の生臭さが残りません。わたしは薄味志向なので、塩分が強い薄口醤油は使っていません。味はお好み次第ですが、防腐剤などは入ってないものを選んでください。

［味噌］

米味噌は東北、白味噌は京都、九州は麦味噌。ふだんは麦味噌が多いですが、寒いときはからだを温めてくれる白味噌を使ったりします。お味噌の匂いや味わいには、好みもありますから少しずつ買い置いて、混ぜ合わせて自分の好きな味にするのも良いでしょう。風味の良い汁を味わいたいときは、粒味噌をすり鉢ですって、それに出汁を加えてみるとまた格別です。

［砂糖］

夏はきび糖、冬はてんさい糖で調味。きび糖は沖縄でとれるから暑い季節に、北海道産のてんさい糖は寒い季節に使う砂糖です。白い砂糖は紅茶以外にあまり使ってません。料理の甘味には砂糖より、赤酒を多く使っています。

［油］

九州は菜種栽培が盛んだったので、菜種油を使います。昔、北九州の製鉄所で鉄を冷やすのに菜種油を使っていたこともあり、福岡の春は菜種畑の黄色い花で彩られていたものです。それから椿油。揚子江から流れてきた種が運ばれたおかげで九州沿岸は椿の木がたくさん生育し、油が搾取できたんです。椿油は質が良く、炒めものも天ぷらもおいしくできるんですが、生産者が減ったいまは高級油になりました。

［酢］

お酢は米からつくられた自然酢を選んでいます。柑橘類があるときは酢よりも柑橘を搾って使います。ダイダイ、カボスなどを使うほうが、季節ならではの風味豊かな酸味になります。住んでいる地域と季節で、酢の代わりになる柑橘を選ぶと良いです。

［赤酒、みりん］

赤く甘味があり、独特の芳香のする赤酒*は、九州の熊本や鹿児島（鹿児島では「地酒」とも呼ばれる）の独特のもの。師の江上先生が熊本のご出身で、赤酒を使った調理を教わりました。甘味のある煮ものには、みりんより穏やかな仕上がりになる赤酒を好んで使います。とくに白身のお魚をみりんで煮ると身がかたくなりますが、赤酒だとふっくらと煮上がるんです。みりんは照りを出したいときに使います。赤酒だけだと甘過ぎるときは、酒と調合して使うこともあります。

* 醸造したもろみに木灰を加え、酒の保存性を高めた「灰持（あくもち）製法」の醸造酒。添加物の入ってない熊本の蔵元「千代の園」の赤酒がおすすめ。

自然に
反しない、
ほんものの
調味料は
味がいいだけでなく、からだにもいいもの。
いろいろ添加したものは要りません

ムダなく動ける台所の流れ

料理は流れが大事。段取りを考え、料理しながら並行して片づけをするクセをつけましょう。皿は同じサイズごとに効率よく洗い、生ゴミは汁気をざるに受け、必ず水気を切ってから捨てます。片づけ後の流しは、すっきりなにもない状態にして。次に料理をするとき、「洗いものから」じゃあ疲れるでしょう？いつでも気持ちよく、料理に向かえる場をつくっておきましょう。

さらしは食材を蒸したりこしたり絞ったり、まな板を軽く拭いたりもするので、たくさん用意します。布巾は木綿の古い布を幾重も重ねて縫って、食器拭きや台拭きに使っています。汚れたさらしや布巾は、固形石鹸で洗ってから熱湯をかけて殺菌。ときどき鍋で煮沸し、太陽でよく乾かして日光消毒します。

キッチンペーパーは要りません。毎日の新聞紙にチラシなどたくさん紙が余っているのに、わざわざ新しい紙を買うなんてもったいない。揚げもののバットには油受けにチラシを敷き、油汚れは新聞紙で拭いてから洗うと水がムダになりません。

冷蔵庫の整理はピンチの備え

冷蔵庫の中には、同じ種類のものは同じような容器に入れ、近くに配置しておくと、使いたいときに探しやすいのです。冷蔵庫の整理は、朝と晩、必ず2度やります。中のものを整理しながら在庫を頭に入れておくんです。その際、早めに使ったほうがいいものは手前に置きなおして、できるだけおいしい時期に食べるようにします。

食材を入れる容器には、日付などを書き記した名札をつけています。紙の切れっぱしに「早く使うモノ」と大きな字で記してゴムで留めておくことも。何が入っているか一目で分かるようにすると、買いものに行けない日も、冷蔵庫にあるものですぐ料理できて、使い忘れなくムダなく使って、食べ切ることができます。

料理しながら片づけて。
台所のことは
からだで覚えて
心を込めることです

4章 ［やさしくあれ］

子ども・家族、命を思いやる家庭料理

家庭料理は「買えない味」

元気に動くからだ。その活動の源《みなもと》は、日々口にする家のごはんです。命につながる食べものは、口に入れたが最後、取り出すことはできません。

最近の女性は、毎日のごはんを出来合いのお惣菜に頼る人も多いそう。お金で手軽に買える食事は、口先は満足させられるかもしれないけれど、胃袋はどうかしら？　心と胃袋は直結しています。外食やお惣菜が続くと、栄養は足りていても、胃に疲れがたまり、それが心の欲求不満にもなりますよ。

家族の年齢や好みに合わせて愛情を込めてつくる家庭料理は、損得なしでつくる、お金では買えない味。これに勝るものはありません。ですが、「いつもおかずをたくさん食卓に並べなくちゃいけない」と思い込んでいるとくたびれてしまいます。

日常の食事は、「さっとつくれるごはん」でいいんです。

「そんなにごちそうばっかりつくらんでよかよ」とわたしはいつも生徒さんたちに言ってます。外食のように毎日手を替え品を替え凝った料理をつくり、家族の舌を驚かせるようなごちそうは要りません。主食のごはんと汁もの、それに旬のおかずが1皿か2皿あればいいじゃない。

料理の腕前を磨くには、旬の1つの食材で3～4種類の料理がつくれたら、上等です。大根なら大根を1本、使い切るみちを考えてごらんなさい。真ん中は煮ものに、根っこのほうは大根おろしに、皮は干してキンピラ炒めに。葉っぱは一夜漬けに。大根葉の漬けものは、ごはんのお供になる上にビタミンたっぷりの栄養満点で、経済的です。毎年、季節が巡るたびに、同じ料理を繰り返しつくって、素材と仲良くなれば、ひらめきでつくれるようになってきます。

自分の「おいしい」は創り出すもの

「お好みの塩加減って、どれくらい入れたらいいですか？」と生徒さんが聞いてきたら、わたしはにっこり「味見して、あなたの好みの味にしてくださいな」と返します。その答えにハッとして、一度自分で考えてくださったらいいなと思っています。「わからないこと」が出てくると、みなさん何から何まですぐに人から正解を聞きたがります（苦笑）。

レシピとは、あくまで見本です。最初は参考にしても、自分や家族の好みで好きな味に変えていっていいの。「おいしい」感覚は大さじ何杯とか何グラムとか数字では表せません。

それに、食材の野菜も採れる土地で味が違いますし、旬の出はじめ、盛り、終わりで水分量はまったく違います。食材は、お魚もお肉も人と同じで1つ1つ違う。その日使う素材をよく見ることです。レシピにこだわらずに、「今日の食材」を活かすみちを見つけてください。

それには調理の「基本」を勉強しておくと役立ちます。基本というのは、何回も使えて、使うほどに磨かれてくるもの。自分で工夫ができると自由になります。つくるのが楽しくなるでしょう。

味見は指でするのがいいの。小皿についだりするより味がじかにわかるでしょう？　失敗は気にしない。料理の失敗は学びですよ。わたしは生徒さんに

料理は加減。
レシピは
味見しながら
好きに変えてっていいの。
味は買うものじゃなくって創り出すものよ

「習った料理を30回つくったら本物よ」って教えてます。

忙しい人は備えを大切に

「忙しくてもおいしい料理をつくるにはどうしたらいいですか?」もよく問われることです。子育てをして仕事もしているお母さんたちは、時間との闘いの中で、子どもの食べるものに手をかけたいと日々葛藤も多いでしょう。

でもね、出来るときに出来ることをすればいいんです。

暇がないときは頭を使いなさい。手数の多い料理や、煮込み料理なんかはやめておきなさい。弱火でじっくり煮込む料理を、強火で火を通して時間短縮しても、おいしくなんてならないの。

忙しい人はキッチンに備えを持っていて。今日食べるものを、たちまちつくろうとせず、空いている時間に下ごしらえや常備菜をちょこちょこつくり置きしときましょう。おかずの貯金があると、気持ちにゆとりが生まれますよ。

常備する乾物は、海藻、小魚、ミックスナッツ、それに豆類がおすすめ。とくに豆は日本人の体質にも相性が良いし、種類も多く、おかずやおやつに幅広く使えます。うずら豆をフレンチドレッシングでサラダにしたり、小豆やうずら豆を甘く炊いたり。和洋中のレシピに合うのであれこれ使いまわせます。

「ひと手間」を義務にしない

「手間をかけることは、愛情をかけること」と最近は声高に言われますね。ですがそれを、「手間をかけてない料理は、愛がこもってない」と短絡的に思い込んでは、「手間」が重たい荷物になって料理が楽しくないでしょう。

「外で仕事して家事も。わたしばっかり、がんばっている」……。若い方々からそんな不満や疲れの声を耳にすると、「そんな重たい心の荷物を持ったままで台所に立つのは大変ね。そんなにがんばらんでいいのに」と思いますよ。

「ちゃんと手間をかけてつくらなきゃいけない」と義務感で料理をすると、心がもっと疲れそうですね。そんな悩みごとはひとりで抱えこまないの。早めに素直にご主人やお友だちに相談してみたら、きっと「無理せんでいいよ」と言ってくれますよ。

それから、やっぱり料理の知識を磨くことも大事ですよ。忙しい人は、「時間を短縮しても、心は抜かない」工夫を学んで。季節の野菜なら蒸すだけで、オーブンで焼いただけのポテトも十分おいしいもの。学ぶにつれ料理の腕も鍛えられ、気ばらなくても毎日のごはんづくりがラクになるでしょう。

とはいえ「手間なし料理」の実用一点張りでは、もったいない。たまには丁寧につくる「手間ひま料理」に挑戦してみるのも楽しいものですよ。

たとえば、余裕がある日に、白和え（P151）を、すり鉢で一度あたった後に、こし器で丁寧にこしてみると段違いにおいしい。「料亭の白和えみたい！」って生徒さんも驚くの。そういう何でもない発見って楽しいでしょう。日常の小さなことを、まわりはそんなに褒めてくれませんよ。だから「つくるって楽しい」と自分でおもしろがる術を身につければ、手間は義務じゃなくなるでしょう。

手間を愛しみ、
暇がないときは知恵を働かせて。
出来るときに出来ることをしときましょう

人を育てる料理

食という漢字は「人に良い」でしょう。人を良くすることができることが、「食」なんです。「衣食住」と言うけれども、何より鋭敏な心とからだをつくるのは、絶対的に食事です。

食事は食べ終わってしまえば、消えてしまうもの。けれど確かに心とからだの養分につながっています。

たとえばいまの食事で気になるのは、歯ごたえ。「やわらかい＝おいしい」と言われる近頃、やわらかいものばかり食べていて、子どもの歯も細く弱くなっているそうです。よく噛んで味わうことをしないと、噛む力がなくなって頭もボケてしまいますよ。苦しいこと、辛いことがあっても、ぐっと歯を食いしばって耐える。丈夫な歯を持つ子になるように、養分になる料理に心を配りましょう。

キッチンの人生相談室から

食べることは人の生きざまとしっかり結ばれているんですね。講演会などのお話会では食を通して、さまざまなご相談を受けます。とくに多いのは子育て、家族関係。寄せられた悩みごとに、わたしなりにお答えしてきた一例をご紹介します。

——仕事で失敗したのか、夫が落ち込んで疲れきっています。どうサポートしたらいいでしょうか?

家族が元気がないとき、落ち込んでいるときは、向こうから話したがらないことをあれこれ詮索して問いつめてはいけませんよ。

そういうときは、見た目にもおいしそうな料理を、少しずつ食卓にお出しなさい。ぐっすり寝られるように、料理に少しお酒を使ってもいいですね。それからご主人に、「ゆっくり寝ていいよ。何かあったら、わたしに任せて」と言ってあげたらどう？　たまさか、ご主人がどんなにダメな人でも、母親が子どもの前で父親を尊敬したふるまいをしなければ家庭はうまくいきませんよ。

――子どもの反抗期に手を焼いています。「早く起きなさい」「勉強しなさい」「片づけなさい」と怒ってばかり。自分でもイヤになります。

毎朝起きられない子どもには、子ども部屋のドアを開けて、味噌汁やスープのいい匂いをさせて、トントントンと野菜を切る、まな板の楽しそうな音色を聞かせましょう。

ラジオでもかけて、朝、家全体がお母さんを中心に動きはじめたことを家族が感じるように、習慣づけるんです。

勉強しなさい、食べなさい、と強制する言葉は使いません。「しなさい」と人に押しつけられることは、大人もイヤでしょう？　無理矢理机につかせることはできません。反抗するお子さんは、心がくたびれてるんですよ。

そういうときは、母親がかまい過ぎないことです。子どもがイライラしても親は同調してはいけません。「あら、そう?」ってだけ言っておけばいいの。それでいて料理にだけは心を込める。料理で思いやる気持ちを示していれば、放ったらかされた気持ちにならないものです。

人の道に外れない限り、親はその子の歩く道を見守るだけ。ほんとうの教育はどんな人物に育てるか、でしょう。学校以外にも人生の大切なことを学べる場はたくさんありますよ。

——子どもの、とくに受験生の間食にはどんなものがいいんでしょうか。

基本として、子どものおやつは横文字でないお菓子をつくりましょうよ。小豆煮やあんこのお菓子がいいですね。小豆はひと晩水につける手間がなく、すぐ煮て使えます。それからふかし芋も、腹持ちが良いし滋養があります。

受験生は脳を使いますから、小魚やミックスナッツがいいですね。カルシウムが不足すると気が短く、頭の働きも弱りますから、小魚をよく嚙んで。それに脳は7割脂肪でできているらしいですから、良質の油をとることが、脳には一番の栄養になり、ナッツ類は最適です。小魚やナッツでつくったイカン・ピリース（P149）は、うちの生徒さんたちに人気のある定番のおやつです。

――1歳半の子どもがいますが、食べムラがあります。幼いうちにきちんとした食習慣をつけるには、どう進めたらいいでしょうか。

何もない公園に、お弁当を持ってお出かけしましょう。おにぎりに加え、夏はトマト、秋は芋、おいしい旬のものをほんのちょっとお弁当に入れておくのです。ジュースや市販のお菓子など添加物や砂糖類の入ったものは持っていきません。

たっぷりからだを動かして遊んで、お腹が空いたらお弁当しか食べるものがないようにしておく工夫です。こういうときは栄養バランスはそれほど気にしないで。

――子どもの友だちに問題児がいたり、親同士のつきあいも気疲れが多いです。

子育て中の人間関係の悩みを解消するには？

子どもは原石。輝く宝石に磨いてあげるには、お母さん自身が楽しく生きてないと。人生の中では気が合わない人と交わることもあるでしょう。理不尽なことを聞かなければならないときは、黙って聞いてるふりをしながら、心の中でアカンベーってやり過ごせばいいの（笑）。

子どもたちも、小さいうちにいじわるな人に接すれば、大きくなって見極めができる人になり、それはそれで役に立ちます。

子どもは、育てたように育つもの。大らかに育てるには、母がまず大らかに。

――家庭のしつけとして、母親が教えておくべきことはなんでしょうか？

わたしは息子たちに「勉強しなさい」と言ったことがないんです。「勉強せんで困るのは、あんたたち。お母さんじゃないからね」と。むしろ「そんな勉強せんでもいいよ」と言うと、逆に机に向かうから子どもは不思議ね（笑）。

勉強に小うるさくなかった反面、箸の持ち方、食事のマナー、挨拶はとにかく厳しくしました。それから食べものに感謝することも。

男の子でも、お茶のおいしい淹れ方が身についているといいですね。お茶を淹れさせると、その人が気遣いのできる人か、思いやりがあるかどうかが、すぐにわかります。緑茶の葉にはいきなり熱湯を注がず、湯冷ましをしてから。お茶碗を温め、茶托も添える。お茶の淹れ方には無意識のうちに家庭のありようが出るんですよ。

料理のお手伝いを、なにげなくさせておくとその子の助けにもなります。野菜を洗ったり切ったり、すり鉢でごまをすったり……。横や後ろで見ていた母の手つきや姿を自然と覚えて、おのずと気遣いの仕方も伝わりますよ。

何より親自身が、一生懸命に前を向いて生きていれば、その背中を子どもはちゃんと見ているものです。

味は一生のもの。
15歳までに
何を食べたかで違います。
記憶に残る
家族の味を持っていたら、
それは何よりの
宝ものです

食がつなぐ絆

わたしの母は食事どきに家に人が来ると、「もうごはんは食べましたか?」と必ず食卓へ誘う人でした。大テーブルで、知らないおじさんやおばさんが一緒にごはんを食べているのもしょっちゅう。毎朝来る人もいて、兄が「あの人また」って嫌がると、母は「いいやないの。おなかがすいちゃーとよ」と諌《いさ》めていたものです。

そんな家に育ったせいか、わたしも長屋のちっちゃな家で子育てしているときも、おいでおいでって、人を食卓に招いていました。そこはいまのリビングより狭い狭い部屋でしたけど、ちっとも恥ずかしくなかったですよ。「大勢でわいわい食べたほうがおいしい」と思ってますから、おいしいものをつくると、すぐにご近所さんや友だちに声をかけて賑やかに食事をしたものです。

子育ても、大勢の中で育てたほうが、自然と人への気遣いが生まれてきます。だからね、自分の子の友だちも、近所の子もかわいがるんです。子どもはね、みんなで育てればいいんです。いまのような時代こそ、気負うことなくみんなで食卓をともにすることが大事と思いますよ。

それに「同じ釜の飯」と言いますけど、ごはんで結ばれた縁は豊かですね。息子たちが高校生のとき、毎日お弁当におかずをぎゅうぎゅうに詰めて持たせていたんです。当時は「なんでこんなにたくさん食べると？」と思っていたの。そしたらつい数年前、子どもの同級生から「僕いっつもお弁当を分けてもらってたんです。お世話になりました」ってお礼をしみじみと言われて……。何ともうれしい驚きでした。

まわりの人と声をかけ合いながら、毎日を過ごしてください。「おはようございます」「お天気がいいですね」と挨拶して。普段から、小さい行き来を積み重ねましょう。

そのうちに、梅干しができました、お豆を炊きましたって、たくさんつくってしまったものをおすそ分けしてみてごらんなさい。「お口に合うかわかりませんけど」と言い添えてね。食卓が、人の絆を深めていってくれますよ。

日本の大ごちそう、ちらしずし

おひな祭りやお月見などの行事や、家族のお祝いごとなど、ちょっと特別な食卓には、ちらしずし（P156）がオススメです。

彩りがきれいで、具材も応用がききます。季節で手に入るものや好みの具材を、混ぜたりのせたりするだけでいい。少し手間はかかりますが、ちらしずしなら、後は汁ものくらいであれもこれも考えなくていいから、献立が気楽でしょ。人が集まる日にすし桶に盛りつけて、食卓の真ん中にどーんと置くと華やぎますし、大人にも子どもにも喜ばれます。

わが家では、クリスマスもちらしずしでした。クリスマスって日本人の間では、ごちそうを食べるお祭りに仕立てられていますけれど、実際、イタリアでクリスマスの夜にいただいたのは、礼拝後のスープとパンのみ。とても質素で厳《おごそ》かな食卓で、けっしてごちそう祭りではないんですよ。そもそもほとんどの日本人は信者じゃないのですから、無理してチキンの丸焼きをしなくていいじゃない（苦笑）。

それでも外国っぽいことには憧れがありますよね。うちの教室で50年くらい教え続けているのが、クリスマスの「ツリーちらし」です。

ちらしずしをケーキ型で抜いてほうれん草の緑やニンジンで彩ったもの。生徒さんたちは、クリスマスになるとご家族から「あれつくって」とねだられるんだそうです。

わたし自身、ちらしずしが大好きなのは、子どもの頃、何かにつけて母がつくってくれた思い出の味でもあるから。何十年経っても、「あのときつくってもらったな」と、記憶に残る味は宝もの。お母さんのごはんは家族を幸せにする、すごい力を持っているんですよ。

がんばらない台所

朝になったらお日さまが昇るように、蕾だった花がほころぶように、何のてらいもなく、家族や身近な人においしいごはんをつくって食べさせる。そんなふうに自然と湧き出てくる気持ちでつくるのが家庭料理です。

若い方々にお伝えしたいのは、過大ながんばりを自分に課さないこと。無理をすると「やってあげている」気持ちになって、料理から心が離れてしまいます。

あるとき、「仕事が忙しくて、手づくりのおやつを子どもにつくってやれない」と悩んでいる生徒さんがいました。「おにぎりはどう？　お母さんのおにぎりがおやつにあれば十分よ」と声をかけました。1個握るのに1分も時間はかからないし、おにぎりは手のごちそうですよ。

悩んでいた生徒さんは、それから10年間、お腹を空かせた子どもが学校から帰ってきたら食べられるように、食卓に「ママおにぎり」を置き続けたそうです。「あのとき、先生にがんばらんでいいよって言われて、肩の力がすーっと抜けました」と泣き笑いして懐かしく振り返ります。

お母さんたちが願うのは「子どもがお腹を空かせないようにして、栄養のあるものを食べさせること」でしょう。それなら買ったおしゃれなお菓子や無理を押してつくった手づくりおやつより、母が愛情を込めて握ったおにぎりのほうがいいに決まってます。愛情の置きどころを取り違えてはいけません。

料理は上手かどうかより「思いやり」こそ大事にするべきもの。心を置いてけぼりにしないで。家族のために料理ができるって、ほんとうに幸せなことよ。

［おいしいおにぎりのコツ］

・炊きたてのごはんを、なるべく熱いうちに握る。
※熱々ごはんは一度お茶碗かおひつに取ると握りやすくなる。
・おにぎり1個は、お茶碗半分くらいが目安。
握りやすく、食べやすく、サイズはやや小さめに。
・掌を水で濡らし過ぎないこと（濡らし過ぎると傷みやすいので、うっすらと湿らせる程度）。塩は指先につけてのばし、2～3個続けて握る。
・「おいしくなあれ～」と心で念じて握る。

穏やかな心でキッチンに立つ

子どものごはんをつくるときは、「人の役に立つ子になりますように」。

大人のごはんをつくるときは、「元気で今日一日が過ごせますように」。

そんな願いをごはんをつくる手に込めています――。これはずっとわたしが自分の料理への決めごとにしてきたことです。偉くなれとか成功すればいいとか、そんな余分なことはまったく考えません。ひたすら一番大事な願いだけを料理に託して、家族の命の力にするんです。

食べものには、つくる人の手を通じてその人の思いやエネルギーが入ります。愛情のエネルギーだけでなく、怒りながらつくれば、調理した人の怒りのエネルギーもその料理に怒りの味や気を与えてしまい、それを食した人に反映されてしまうのです。

夫婦喧嘩した日は、味がとんがって塩気が強くなります。それに子どもにガミガミ小言をぶつけながらつくったごはんの味は、すごくマズくなる。心あたり、あるでしょう？　イライラしながらつくったその気を食べものに入れてしまうのは、せっかくの料理に負のエネルギーを振りかけて、大事な人たちに食べさせるようなことですから、気をつけないと。

だから、キッチンに立つ人は疲れをためてはいけないんです。おいしいお料理がつくれませんから。疲れきってしまった日は料理はきっぱり休みましょう。

ときに女性は家族を煌々と照らす「太陽」って言われることがあるけれど、わたしは太陽より「お月さま」がいいと思います。やわらかい光で家族をそっと照らして、疲れた日は「今日は闇夜。お母さんはお休みしまーす」って言ってサッサと寝てしまっていいの。そんな日は外食したっていいし、ご主人や子どもたちに任せてみてもいいじゃないですか。

料理は毎日のことだから、小さな疲れはなおざりになりがち。でも毎日のことだからこそ、自分の心身の調子が崩れたら、自分を立て直す時間を大事にすることです。

あなたの命のために、できるだけおいしく――。

そう願って包丁を持ったら、いつも穏やかな心持ちで料理に向かいましょう。

大事な人を思って真心を込める、そんなキッチンがある人生なら、何があろうとも幸せに違いありませんよ。

がんばらなくていいの。
ほんとうに
伝えたいことは、
言葉でなく
思いで伝わりますから

タミ塾の
大切にしたい料理基本

1　旬の新鮮な食材、自然調味料を使うこと。

2　片づけながら料理して、いつも清潔な
キッチンであること。

3　知ったかぶりをせず、教わったことは
一度自分で考えてみること。

4　習った料理は30回つくり、ほんとうの
「自分の味」にすること。

5　包丁を握ったら心穏やかに、食べる人の
幸せを願って調理すること。

[いのちが喜ぶ愛情レシピ]

塾生たちが家庭で
繰り返しつくっている
定番レシピをご紹介します。
タミ塾の料理教室は
「味は数字では表せない」が信条ですから、
ここに掲載しているレシピについても
分量や時間、火加減などはあくまで目安。
味つけや手順の肝心な要はおさえて、
それ以外はつくる人の自由です。
手や舌や鼻をたくさん使って、
「自分の好きな味」にする料理を
楽しんでください。

ほうれん草のごま和え

材料（4人分）
ほうれん草…1束　白ごま…大さじ2
A　醤油…小さじ2
　　赤酒（なければみりん）…小さじ2
　　出汁…小さじ1と½

1　ほうれん草は下ゆでして3㎝長さに切った後、醤油洗い*する。全体に醤油（小さじ2目安、分量外）を振りかけてすぐ絞る。
2　白ごまは煎ってすり鉢ですり、Aを加えて混ぜ合わせる。
3　2に1のほうれん草を入れて和える。

＊醤油洗い…醤油の下味をつけて水っぽさを除く調理法。
※ほうれん草の代わりにインゲン、春菊、小松菜でも。

すりごまより洗いごまを煎ってすったもののほうが香ばしく一段と美味。

タコとキュウリの酢のもの

材料（4人分）
ゆでタコ…180g　キュウリ（大）…1本
A　レモン汁（または柑橘汁）…大さじ2
　　塩…少々
きび砂糖・針しょうが…各適宜

1　キュウリは薄切りにして塩（分量外）をして絞った後、酢洗い*する。全体に酢（小さじ2目安、分量外）を振りかけて軽く絞る。タコは輪切りにする。
2　Aを合わせ、お好みできび砂糖を加え、1を和える。針しょうがを飾っても。

＊酢洗い…酢に通し水っぽさを除く調理法。

柑橘の汁は一度で搾りきる。半分に切って切り口の皮をむくと搾りやすい。

すりごまの香り高い
ほうれん草のごま和え

柑橘の酸味がやさしい
タコとキュウリの酢のもの

風邪のひきかけに温まる
ソパ・デ・アホ
(→ P148)

夏バテに効く滋養の汁
あじの冷や汁(→ P148)

ヘルシーで目にも愛らしい
ミモザサラダ（→ P149）

塩加減を好みにできる
マヨネーズ（→ P148）

おやつに、おつまみに
イカン・ピリース
（→ P149）

ソパ・デ・アホ（ニンニクのスープ）

材料（4人分）
ニンニク…2かけ　玉ねぎ…2個　水…1.5ℓ
菜種油…大さじ2　塩・コショウ…各適量

1　玉ねぎは輪切りにしてからせん切りにする。ニンニクは皮をむく。
2　厚手の鍋に油とニンニクを入れて炒め、玉ねぎを加えてあめ色になるまで弱火で炒める。
3　2に水を加えて1時間〜1時間半煮込む。塩・コショウで好みの味に調える。

※〝アホ〟は「ニンニク」のスペイン語。

ニンニクは潰さずに粒丸ごとを煮込むとまったく臭みが気にならない。

マヨネーズ

材料（つくりやすい分量）
卵黄（常温に置く）…1個分　塩…小さじ⅔
酢…大さじ1　菜種油…1〜1.5カップ
マスタード（粉）…小さじ1

1　ガラス製ボウルに卵黄と塩を入れてよく溶いた後、酢を加えてよく混ぜ合わせる。

あじの冷や汁

材料（4人分）
あじ（生魚・中）…2尾
味噌…大さじ4
白ごま…大さじ2　水…3カップ
キュウリの薄切り・青じそのせん切り（水にさらす）…各適量

1　うろこや内臓を取ったあじを魚焼きグリルで素焼きし、身だけほぐす。
2　白ごまを煎ってすり鉢でよくすった後、1のあじの身を入れすり潰す。味噌を加えてペースト状になるまでよくすり混ぜたら、すり鉢の内側に塗り広げる。
3　2のすり鉢を逆さにしてガス台にのせ、弱火で香ばしく炙る（写真右）。焦げ目がつく直前まで8〜10分ほど焼いたら火から離す。
4　3のすり鉢に少しずつ水を加えて溶きのばす。キュウリと青じそを加える。

※すり鉢を火にかけたら目を離さないこと。
※暑い日は氷を入れて冷たくしていただいても。

かぶせるようにのせて直火の弱火で炙る。

2　1に油を大さじ1ずつ加え、そのつど手早く、よく混ぜ合わせる。

※新鮮な卵と良質の油が決め手。油はオリーブオイルでも。
※一度乳化したマヨネーズは冷蔵庫で3週間ほど保存可。

イカン・ピリース

材料（つくりやすい分量）
生ピーナツ（皮つき）…150g
いりこ（小）…30〜50g　揚げ油…適量
グラニュー糖・トマトケチャップ…各大さじ3

1　中華鍋に油を入れて中火にかけ、焦がさないように生ピーナツを素揚げして取り出す。
2　1の中華鍋にいりこを入れ、カラッと揚げて取り出す。
3　2の油を中華鍋に大さじ3程度残し、グラニュー糖を加えて中火にかける。絶えずかき混ぜながら溶かす。
4　1のピーナツと2のいりこを一度に加え、手早く混ぜ、続けてケチャップを加える。全体にからませたらすぐ火を止め、バットに取り出して冷ます。

※中華鍋でつくってこそおいしくできるレシピ。

国産のおいしい生ピーナツといりこを選んで。

ミモザサラダ

材料（つくりやすい分量）
サラダ用野菜…適量（今回はカリフラワー1株）
*小麦粉水（アクとり用）…適量
ヴィネグレットソース［酢…大さじ1　塩…小さじ1弱　コショウ…少々　菜種油…大さじ2〜3］
マヨネーズ…適量
ゆで卵の黄身（裏ごししたもの）…1個分

1　ヴィネグレットソースをつくる。ガラス製ボウルに酢、塩、コショウをよく混ぜてなじんだら、油を大さじ1ずつ入れ、よく混ぜ合わせる。マヨネーズをつくる（上段参照）。
2　カリフラワーは食べやすく切り、小麦粉水に約20分ひたしてアクを抜いておく。鍋に新しい小麦粉水をつくり、冷たいうちからカリフラワーを入れてゆでる。
3　ゆで上がったカリフラワーは水気を切ってボウルにうつし、1のヴィネグレットソースにひたす。
4　3を皿に盛り、食べる直前にマヨネーズをかけ、ゆで卵の黄身を散らして彩る。食べるときは全体を混ぜる。

*小麦粉水…小麦粉を米のとぎ汁くらいの濃さに水で溶かしたもの。野菜のアクとりに用いる。
※ソースの調味料を混ぜ合わせるのには古くなった茶筅を使うと混ざりやすい。

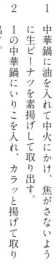

なめらかな食感が絶妙
白和え

野菜たっぷり
のお餅ピザ
千草焼き

白和え

材料（4人分）
木綿豆腐…½丁　こんにゃく…½枚
ニンジン…5cm長さ分　セリ…適量
白ごま…大さじ2　西京味噌…大さじ1と½
きび砂糖…小さじ1

1　豆腐は水気を切っておく（ボウルに重ねたざるにのせ、冷蔵庫で水分をとる）。
2　こんにゃくはゆでて短冊切りにし、醤油・赤酒（1：1目安、分量外）で下味をつけておく。ニンジンはせん切りにして、さっとゆでる。セリはゆでてから3cm長さに切っておく。
3　すり鉢で白ごまをよくすった後、豆腐を入れてよくすり混ぜる。西京味噌を入れてすり混ぜる。きび砂糖を入れ、さらにすり混ぜる。
4　3を裏ごしして、なめらかな白和えの衣をつくる。
5　白和えの衣に2のこんにゃく、ニンジン、セリを加え、全体をまんべんなく和える。

※4の裏ごしをしないときは3→5の手順ですすめて。
※ニンジン、セリの代わりにインゲン、春菊、小松菜でも。

一度にたくさんのせず、少量ずつこす。

千草焼き

材料（4人分）
具材の野菜…適量（今回はキャベツ・白菜各⅛個、大根長さ10cm分、ニンジン長さ5cm分）
餅…250g　ちりめんじゃこ…適量

1　餅は薄く切る。野菜はすべてせん切りにする。
2　厚手のフライパンに1の野菜を¼、餅、ちりめんじゃこを入れて、落とし蓋をして上から手で押さえながら弱火で蒸し焼きにする。
3　2に火が通ったら、残りの具材野菜も3回に分けて同じ要領で重ねて蒸し焼きにする。
4　焼き上がったら皿をフライパンにかぶせて、ひっくり返す。お好みで酢醤油をかけても美味。

正月の鏡餅の残りなどかたい餅は、水につけて水餅にしてから使って。

出汁いらずなごはんのお供
厚揚げの三味煮 (→ P154)

肝は粉をブレンドした衣
サクサク天ぷら(→ P154)

赤酒の滋味で風味よく
白身魚のふっくら煮つけ
(→ P155)

意外や！名コンビの味わい

豚肉のリンゴ巻き（→P155）

サクサク天ぷら

材料（4人分）
野菜・魚介の具材…適量（今回は玉ねぎ150g、セリ100g、ニンジン30g、小海老100g）
A 片栗粉・小麦粉・上新粉…各大さじ3　水・酒…各40cc
揚げ油…適量

1 衣をつくる。ボウルにAの粉類を入れて混ぜ、水・酒を入れる。手で混ぜ合わせ、垂れ落ちるくらいのゆるさ加減（写真下）が目安。
2 具材の準備をする。玉ねぎは半分に切って8㎜幅の輪切りに、セリは根とかたいところを落として3㎝長さに切る。ニンジンは細切りに。小海老は洗って水気を拭き取る。
3 2のすべての具材をボウルに入れ、小麦粉大さじ1（分量外）を振りかけておく。
4 揚げ油を火にかける（170度目安）。3を1の衣に混ぜて、油を塗った木べらにかき揚げ1個分をとり、すべらすように油に静かに落とす。カラッと揚げる。

3つの粉を配合するのがミソ。

衣の具合は指にまとわりついてとろっと垂れるくらい。

厚揚げの三味煮

材料（4人分）
厚揚げ…1パック（200〜300g目安）
水…½カップ、赤酒…大さじ3（なければ砂糖大さじ2）
醤油…大さじ1〜2
すりごま…大さじ1
しょうが・ニンニク（みじん切り）…各小さじ1
ネギ（みじん切り）…大さじ1
赤唐辛子（輪切り）…1本分

1 厚揚げは油抜きして1丁を4等分に切る。赤唐辛子は種を除いておく。
2 鍋に厚揚げ以外の材料すべてを入れて煮立てる。厚揚げを入れ中火で蓋をして10分ほど煮る。
3 しっかり煮含めたら、味をみて煮汁ごと器に盛る。

白身魚のふっくら煮つけ

材料（4人分）
白身魚（今回はイサキ、中）…2尾
A 醤油…大さじ6　酒…大さじ7
　赤酒…大さじ7（みりんなら大さじ4）
つけ合わせの野菜（今回はネギ）…適量

1 魚は内臓とウロコなどを除いて洗い、水気を拭く。
2 鍋でAを強火で煮立て、1の魚を入れる。蓋はしないでときどき煮汁をかけながら火が通るまで身が崩れないように煮つける。
3 2の残った煮汁で好みでネギなどを煮て、魚に添える。

赤酒の実力発揮。
白身がかたくならず
ふっくら煮上がる。

豚肉のリンゴ巻き

材料（つくりやすい分量）
豚ロース薄切り肉…300g　リンゴ…2個
酒…大さじ2　菜種油…適量
つけ合わせの野菜（今回はゆでインゲン）…適量

1 肉に醤油と酒（1：1目安、分量外）で下味をつけておく。リンゴは4等分にして皮をむき薄切りにしておく。
2 肉をトレイに広げて並べ、薄切りのリンゴをのせ、クルクルと2〜3巻きする。
3 フライパンか厚手の鍋に油を入れて火にかけ、よく温まってから2を中火で焼く。焼き目がついてきたら酒を入れて蓋をし、弱火でゆっくり煮る。
4 3を取り出して油を替え、ゆでインゲンを塩・コショウ（分量外）で軽く炒め、豚肉に添えて盛りつける。

ひねたリンゴの
使いみちにも
おすすめ。

ごちそうちらし

材料（4～6人分）
具材…適量
米…3カップ　みりん…大さじ2
昆布（10㎝×15㎝）…1枚
すし酢［米酢…大さじ5　塩…少々
砂糖・赤酒…各大さじ1（赤酒がないときは砂糖大さじ2）］

※具材の魚介や彩り野菜はそのとき手に入るものをお好みで代えて。

［具材をつくる］

•錦糸卵（★）…卵2～3個、砂糖・塩（適量）を溶いて卵を焼き、冷めたら細切りに。

•椎茸煮（★）…干椎茸（中）7枚は戻しておく。椎茸の戻し汁、出汁・赤酒（またはみりん）・醤油（1：1：1目安）で椎茸を煮上げ、4枚は飾り用に。残りはせん切りにする。

•酢れんこん（★）…れんこんひと節（100～150g）は丸のまま水からゆで、皮をとって薄切りにし、甘酢（酢・砂糖、適量）につける。

•かんぴょう煮（★）…かんぴょう1本は塩水で戻し、さらに水でやわらかくなるまで下ゆでし、出汁・赤酒（またはみりん）・醤油（1：1：1目安）で長いまま煮上げて細かく切る。

•彩り野菜…ニンジン（長さ3㎝分）は細いせん切りにして、塩ゆで。菜の花・絹サヤ（適量）は、さっと塩ゆでした後、塩・砂糖（適量）をまぶしておく。

•そぼろ…白身魚150gは3枚におろしてゆで、身をほぐした後、水で洗って布巾で絞る。砂糖（適量）・塩（ひとつまみ）で調味して煎る。

•ゆで海老…小海老200gは殻のまま塩ゆでし、甘酢に漬ける。頭を除き、尾とひと節分の殻を残して使う。

•酢じめの魚…さより100gは3枚におろして塩をしてしばらく置き、水分をとってひたひたの酢（適量）に15分ほど漬けた後、皮をはぐ。

※（★）は前日のつくり置きをおすすめ。どれも必ず味をみながら分量を調整して。

［すし飯をつくる］

1　米は洗い、竹ざるに上げて30分～2時間ほどおく（夏は短く、冬は長めに）。すし酢の調味料を合わせておく。すし桶は酢水で拭いておく。

2　土鍋に米の1.1倍量の水（分量外）を入れ、みりん、昆布を加えて火にかける。

3　煮立ったら昆布を出し、沸騰した2の中に米を入れてひと混ぜ。蓋をして水分が飛ぶまで最初は強火で炊く（湯炊き）。

4　だんだん弱火にして、水分がなくなり炊き上がったら（15分程度）、5～10分蒸らす（普通の炊飯より短め）。

5　すし桶に4のごはんを入れ、すし酢を全体にかける。木しゃもじで切るようにして混ぜながら広げ、うちわであおぐ。

※すし酢はつくり置きがきくので便利。夏場のお弁当に使っても。

［仕上げ］

1　すし飯の粗熱がとれたら具材（椎茸煮、かんぴょう煮など、他はお好みで）を全体に混ぜる。ぬれ布巾をかけておく。

2　1に錦糸卵、酢れんこん、ゆで海老、椎茸煮など飾る具材を彩りよく盛る。

具だくさんのハレごはん
ごちそうちらし

あとがきにかえて——

お伝えしたいのは

「やさしさを学ぶために女性は生まれてきた」こと

女性はもともと強く、男性はもともとやさしいのです。
だから、強さを学ぶために男性は生まれたのです。
女性は強いからこそ、やさしさを学ぶために生まれてきたのです。
やさしくなるというのは、ただ他人任せに甘えることではありません。
人にやさしくするためには自分の心身に強さを持って、
そばにいる大事な人たちを温かく応援できるということ。
目に見えない思いを日々「料理」にこめることは、命を愛おしむこと。
あなたのキッチンが、楽しく豊かで、いつもおいしい匂いのする、
家中で一番幸せな場所になりますように。

わたしは
「料理を通じて
神さまのお役に立てた」
と思いたいのです

編集：おおいしれいこ
撮影：繁延あづさ
装丁：大久保明子
DTP制作：エヴリ・シンク

企画・編集協力：田中 文（Kitchen Paradise　http://www.kitchenparadise.com/）
調理協力：安藤洋子、飯尾幸子、中川満江、樋口智子、
平瀬千恵子、山口由喜子、山根久美子、弓削香理
Special thanks：桧山タミ料理塾、檜山直樹

いのち愛《いと》しむ、人生《じんせい》キッチン
92歳《さい》の現役料理《げんえきりょうり》家《か》・タミ先生《せんせい》のみつけた幸福術《こうふくじゅつ》

2017年7月30日　第1刷発行
2017年8月25日　第3刷発行

著　者　桧山《ひやま》タミ
発行者　井上敬子
発行所　株式会社　文藝春秋
〒102-8008　東京都千代田区紀尾井町3-23
☎03-3265-1211
印刷・製本　大日本印刷

　ISBN978-4-16-390690-4
Printed in Japan